Charlizsy, un poema de vida

Charlizsy, un poema de vida

Lucio Huillca Torres

Copyright © 2017 por Lucio Huillca Torres.

Número de Control de la Biblioteca del Congreso de EE. UU.:   2017918432
ISBN: Tapa Dura   978-1-5065-2067-4
          Tapa Blanda   978-1-5065-2066-7
          Libro Electrónico   978-1-5065-2065-0

Todos los derechos reservados. Ninguna parte de este libro puede ser reproducida o transmitida de cualquier forma o por cualquier medio, electrónico o mecánico, incluyendo fotocopia, grabación, o por cualquier sistema de almacenamiento y recuperación, sin permiso escrito del propietario del copyright.

Las opiniones expresadas en este trabajo son exclusivas del autor y no reflejan necesariamente las opiniones del editor. La editorial se exime de cualquier responsabilidad derivada de las mismas.

Información de la imprenta disponible en la última página.

Fecha de revisión: 29/11/2017

Para realizar pedidos de este libro, contacte con:
Palibrio
1663 Liberty Drive
Suite 200
Bloomington, IN 47403
Gratis desde EE. UU. al 877.407.5847
Gratis desde México al 01.800.288.2243
Gratis desde España al 900.866.949
Desde otro país al +1.812.671.9757
Fax: 01.812.355.1576
ventas@palibrio.com

ÍNDICE

CHARLY 1
SOLO ESPERO ...... EL AMOR 2
ILUSION DESHILACHADA 3
SOLO TE PIDO ESO 4
ESCUCHALAS 5
PARADOJA 7
NOCTURNO N° 1 9
DESDE EL ATARDECER DE MIS OJOS 10
GUITARRA: LLORA EN MIS OJOS 12
HORAS DE MARZO 14
BORDONEOS DEL CORAZON 15
¡¡MISERIA TORVA¡! 17
INCONTRASTABLE 18
NOCTURNO N° II 21
NOCTURNO N° III 22
TORRENTE 23
¿QUE HARE …..? 24
HERMANO: 25
AL AMOR 26
MADRE: AMOR 27
SOLO POR TI 29
TAL VEZ… 30
HORAS TRUNCADAS 31
NOCTURNO A LIZSY 32
TE HE HALLADO 34
PRIMER DIA 35
EN TI 36
REIR EN TUS LABIOS 37
EL AMOR: EXISTE 38
CARTA N° 1 39
POR QUE TE AMO, QUIERO LLENARME DE TI 40
PASIÓN 41
ARRULLO 42

DISTANTE	43
QUIERO QUE SIGAS EL CAMINO QUE MI AMOR TE ABRE	44
TERNURA	45
CARTA N° 2	46
ENFADO	47
RETORNO	48
TE EXTRAÑO Y TE AMO	49
LIBERTAD	50
EXTRAÑO	51
ESPERANZA	52
QUIERO	53
ENCUENTRO	54
CARICIA	55
ESTRUENDO CREPUSCULAR	56
UNA SONRISA	57
SANTIAGO NOCTURNO N° 4	58
A TI ….. TE LO PIDO	59
SI PUDIERA…	61
AMOR EXTRAÑO	62
¿HAS ….?	63
TODO RENACE…	64
MIEDO	65
SI HAS DE AMARME	66
TE LO PIDO	67
COMPRENDEME	68
DOS MESES …… UN SUEÑO	69
¡¡ DECIDLE ¡¡	72
CAPULLO DIÁFANO	73
CREPÚSCULO	74
PALIDEZ	75
TRISTEZA	76
NOCTURNO N. 5	77
CRUZ DE AMOR	78
NOCTURNO N° 6	80
MIS VERSOS	81
NOCTURNO N° 7	82
RESPUESTA A UN POEMA	83
OCASO	84

OSCURIDAD	85
SIN TI … ¡ NADA ¡	86
NOCTURNO N° 8	87
TARDE DE AGOSTO	88
NOCTURNO DE LA MUERTE	89
HORAS PALIDAS	91
NOCTURNO TRISTE	93
AUN CON LOS OJOS CERRADOS, TE VEO	95
……Y TE PERDIERON	96
16 DE SEPTIEMBRE	97
EN LA ORILLA DE TU SENDERO	99
INMENSIDAD	100
NOCTURNO HELADO	101
SOLEDAD	102
PERDON	103
MUSICA TRISTE	104
POEMA DEL ROMANCE TRISTE	105
PIENSO	106
QUE TE HABLEN DE MÍ ….. MIS VERSOS	107
OCTUBRE	108
LUZ AMELIA	109
ASI…. NO TE QUERRAN	111
CANCION AL AYER	113
CANCION DEL AYER	114
RECUERDOS	115
RECUERDOS II	116
NOSTALGIA	117
¿QUIEN ….?	118
CHIQUILINA	119
TE AMO ASI	120
SUSURRO	121
POEMA I	122
NOCTURNO N° 9	123
CANSANCIO	124
POR ELLA	125
SOLEA DEL AMOR	126
TE ESTOY AMANDO … ASI	127
CUENTAME, AMOR MIO …	128

A MIS HERMANOS	129
RETORNO	131
AÑOS DE LUZ	132
VIERNES	136
HABLEMOS DE NUESTRO AMOR	137
POEMA DEL ADIOS	139
CAMPANARIO DEL SILENCIO	141
POEMA AL AMOR	143
CANCIÓN A UNA NOCHE QUE FUE…	144
SOLO…… COMPASIÓN	145
TE AMO TANTO COMO A TI	147
ROMANCE	148
AZUCENA	149
POEMA DE LA ESCARCHA	150
LA NIÑA DE LA MIRADA DE MIEL CERCANA	151
ENTRE EL SOL Y EL VIENTO	152
NOCHES PERENNES	153
CON LA TIERRA Y EL CIELO	154
POEMA DE DOS	155
PETALOS DEL CREPUSCULO	156
ABUELO	157
AMOR: CANCION DE CUATRO LETRAS	158
TE QUIERO	159
BOTON DE ROSA	160
CONGOJA	161
AUNSENCIA	162
RESACA DE CIELO Y DE MAR	163
CAPULLO DE LAGRIMA	164
QUERERTE A TI	165
SIN TI	166
MELANCOLIA	167
ECOS DE ALMA SINCERA	168
BALADA DE LA PIEDRA DESNUDA	169
QUEDAMENTE	170
OFERTORIO	171
I	172
II	173
III	174

IV	178
V	179
OJOS CRISTALINOS	185
AMAR ES CREER	186
LETRAS HUMEDASiii	187
A CIEGAS	188
ABRIL	189
NO TE POSES EN MIS LABIOS	190
AME Y FUI AMADO	191
QUE SERA… DE MI?	192
OJOS FRIOS	193
NO … NO MORIRE DEL TODO	194
MIRAME AHORA…	195
…POR MI	196
MIA	197
VERDE	198
HOMENAJE	199
SOLEDAD SINCERA	200
SED DE MIL CAMINOS	201
DESTINO	202
UN CAFÉ Y UNA GUITARRA	203
HELADA	204
YO SI	205
… Y SEGUIR MURIENDO LUEGO	206
A PESAR TUYO	207
POR TI	208
TU QUE FUISTE NUNCA, NI SERAS POETA	209
TU …… SOLO TU	210
¿SABES?	211
UN HOMBRE…	212
CHARLIZSY	213
NOSTALGIAS	220
ANSIEDAD	221
RETORNO	222
MIRAME	223
15 DE DICIEMBRE	224
ALEGRIA	225
CUANDO TU NO ESTAS	227

UN 20 Y FUE OCTUBRE¡¡¡	229
RAMILLETE DE LUZ	231
SUSPIRO	232
EN LA DISTANCIA	234
SANDY:	235
LIZSY:	236
CORAZON SIN ESPERANZAS	237
¿SABES?	238
YO TAMBIEN APRENDI DE TI	239
REMEMORANDO UNA LIZ	241
ETERNIDAD	243
SINFONIA DE AMOR	245
COMO ANTES, COMO SIEMPRE¡¡¡	246
LA NOCHE ES MIA	247
AQUÍ ESTA MI CORAZÓN	248
HIJITAS DE MI CORAZÓN	249
KIARIS	252
THIAGUIS	253
GAEL	255

Para mis padres: Que crearon y moldearon lo que soy.
Para Lizsy: Madre, esposa, amada compañera, que me dio las luces que iluminan mi camino.
Para mis hijas: Que son para mi… alma corazón y vida.
Para mis hermanos: Apoyo, amor y fuerza.
Para mi familia entera y mis amigos buenos y malos:
Faros constantes de descanso y mejora contínua.

CHARLY

Te he visto extraer muchas veces,
El hastío, de tus cansados bolsillos;
He visto llorar a tus ojos detrás de una sonrisa,
He sentido tu grito de papel
En las fibras trémulas,
de mil poemas inconclusos.
Y en muchas noches blancas,
la soledad te ha encontrado
en amena charla con el alba.

Yo sé que estás aquí, en estas líneas,
siento el latido rebelde de tus venas
sobre los surcos sedientos de este verso;
Sé de tus andares año tras año,
De tus cabalgatas sobre el lomo tembloroso del tiempo;
Con la boca apretada de rocío y espinas
Con la sonrisa truncada en una mueca de tristeza,
Y sé que se ha secado la raíz de tu esperanza,
a falta de agua viva, con que regarla.

Charly: mira como se diluye el arco iris
de tu mirada, en una sombra velada;
Ya en tus versos no palpita, ni vive,
el eco cristalino de tu risa de niño;
Y en la luz cansina que oscurece tus pupilas
Se destila tu pentagrama azul cielo,
Como flor sin pétalos….
Botón escarchado de soledad.

Yo soy Charly,
Soy el eco de una canción no cantada,
La sonrisa que se rompe en lágrima,
La mirada que se derrite en la lejanía…
El corazón solitario que vaga en la penumbra de tus pensamientos.
Yo soy… Charly.

SOLO ESPERO ...... EL AMOR

Vientos que acarician la escarcha nocturna
De mi helado refugio solitario...
Hablad de Vida, por mí ¡¡¡
Ventana de vidrios petrificados,
Que penosa aurora irradias,
Empañando el cofre de cristal que mis sueños guarda...
Mirad por mí ¡¡¡
Constelación de corceles luminosos,
Que galopan a ciegas, en busca de arroyos de luz y estrellas...
Coágulos pálidos de aguas cansadas, que flotan sobre cuencas vacías,
Llorad por mí ¡¡¡
Aortas cóncavas entrelazadas en pedazos de alma quieta...
Palpitad por mí ¡¡¡

Pues el amor no llega aún, a mi puerta desgastada, a mi vereda rota;
A ésta mi orilla esperanzada... sólo retazos de pasión,
Destellos de alegría que duran menos que la risa;
Sólo charcos pequeños en los que mi sed calmo,
Y que duran menos que mi propia sed;
Sólo pequeños chasquidos de sonrientes labios...
Que se apretujan a mí, anhelantes de pasión,
Pero que duran menos que una vuelta de reloj;

Y yo espero,
Crepúsculo a crepúsculo
Aurora a aurora,
Buscando en cada cicatriz del Viento,
Que llegues tú amor, vestida de felicidad,
A entregarte a mis brazos abiertos, a mi sediento pecho,
Que ya no te dejará marchar.

Hyo. 17 Mayo 1977

ILUSION DESHILACHADA

He mirado en los carbunclos secos y sin ilusión
De la pupila fría de un niño mendigo,
Y he encontrado la otra cara de la moneda,
La cara maldita de la pobreza y la necesidad;
El reflejo de mil fracasos y escupitajos
En cada andrajo deshilachado de su ropa
¿Por qué eres cruel vida?
¿Por qué te ensañas con algunos y festejas a otros?
¿Por qué a los pobres, deparas siempre…
mas tristezas que alegrías, mas penas que risas;
mas sinsabores que triunfos?
¿Es que no recibimos todos por igual, los mismos rayos de sol?
¿Es que no respiramos el mismo aire negro viciado
de las urbes metropolizadas?

La miseria del mundo se refleja
En los vidriosos ojos del miserable,
Que trata de escapar de tus redes, amparándose en el vicio,
En la irresponsabilidad,
En la insensibilidad, la delincuencia.
Esos hombres, que han dejado de serlo,
Para convertirse en bagaje inservible de la sociedad,
Que se enlodan en el fango de la miseria,
Encadenados a un triste destino,
Arrastrando tras sí, mujer e hijos,
Niños que viven de los fracasos,
De los que, viviendo un momento de placer,
Tuvieron el horror de engendrarles…
¡¡ Triste pecado ¡¡ … ¡¡ Error de horrores ¡¡

23 Setiembre 1978

SOLO TE PIDO ESO

Una espiga dorada por el sol
Esperando tierna a convertirse,
En pan para las manos flacas del hambriento
En dinero para las manos viles del comerciante
En m...... para el régimen.

Dame Señor la facultad
De poder convertir al menos con el pensamiento
En m..... todo lo que resbale por la garganta dictadora
Y en pan la porquería que come el mendigo.

El Perú es un paraíso laberintoso,
Por el que pasan las sombras de algunos hombres,
directos a convertirse
en putrefacta escoria de la humanidad;
Todas estas mentes parametradas,
de políticos inmaculados, viles siervos rastreros;
Títeres que pululan por nuestras calles
Retozando corruptos, con billeteras alquiladas,
Antes de tragarse la poca dignidad que poseen

23. Noviembre 1978

ESCUCHALAS

Voy a escribir, y escribir infinitas veces,
En la estela luminosa de las estrellas,
En las ondas del suave viento de verano,
Y en la página helada del frío invierno;
Voy a escribir…
En la música que acompaña mis pasos,
En la arena que se escurre por entre mis dedos,
En las hojas caídas del árbol azul de mi vida…
Y en el otoño triste que estruja mis manos arrugadas.
Pues, estos granos del maíz de mi inspiración,
estas líneas hechas poema maduro,
Son el último tributo,
Que a la vida puedo brindar.

Me extrañan estas manos,
Que palpitan trémulas, acariciando cada verso;
Me extraña este ser en el que vivo,
Me extraña esta vida sosa y cruel que siento;
Y me extrañan estas hojas que reciben en su nido, mis palabras;
Por que cuando mis versos queden suspendidos
Meciéndose en las tardes del otoño pardo y oro,
Estas blancas páginas, las recogerán presurosas,
Y las acunarán en su seno maternal;
Y cuando ya no esté yo aquí,
Gritarán lo que llevan en el corazón escondido,
Lo gritarán a cada aurora, a cada viento,
a cada garúa que baña mis pensamientos,
Al crepúsculo mágico que envuelve mis poemas,
A la sombra del árbol que abriga cada letra,
Al eco de tus labios, que me nombran en silencio,
Al tiempo eterno de mil besos inconclusos y yertos;
A cada enésimo segundo que me vio vivir, entre sus horas.
¡¡¡ Cuánto dirán estas hojas compañeras!!! …
quebrando sus blancas gargantas,

con voces extraídas de sus lágrimas,
masticarán su pasión; coloreando en cada página,
la fogata de mi inspiración;
sosteniendo en la yema de sus poemas,
la copa del astro infinito…
la estela de mil resplandores, unidos en un punto,
el amanecer del mañana, en el atardecer de cada constelación.

Este es un poema… para ti
Para ti, que lo estás leyendo,
Quiero que lo vivas y comprendas,
Pero más que nada…
¡ Que escuches ese grito profundo y sordo; por favor… te lo pido yo ¡

"Escucha el grito de estos versos… con el corazón"

Hyo. 18 Enero 1979

> "Es mucha mi esperanza…
> vivir un poema de Amor"

PARADOJA

Sentir y no saber lo que se vive,
Vivir y no saber lo que se siente,
Soñar…
Anhelo de algo nuevo,
Que se desmenuza y se cría en el alma

Cantar,
llorar,
morir en vida.
Y en el pentagrama del sollozo…
Una canción inerte: el hastío.

Somos,
testigos de la muerte,
En el ocaso del sol crucificado;
Y de la lluvia…
En el arco iris de alabastro,
Que se pierde,
Al fondo de nuestra mirada

Nace la noche…
Del vientre fértil y profundo de la tierra,
Y el alba…
Como un parto espontáneo y feliz de la noche,
Lanza victorioso, sus iluminados cabellos,
Rompiendo su orgasmo nocturno.

El paisaje,
cual aura sangrienta,
inocula su cálida tristeza
en el alma mía;

Más allá,
se puede avizorar
El horizonte y el poniente,
Unidos en un punto de luz cósmico.

Y yo, triste y cansado,
Con los ojos durmiendo de vida,
Espero...
El sol de la esperanza,
Una primavera por venir,
Un verano ardiente,
Un invierno abrigado y cálido
Un poema de Amor¡¡¡

10. Enero 1979

NOCTURNO N° 1

He tropezado muchas veces,
Con la bruma espesa y pegajosa de la vida,
Y he golpeado tantas otras veces, en el viento helado,
Mi rostro bañado de lluvia, en días de sequía;

Y mis rodillas,
Han caído al pie de mi fé,
Sangrantes y hastiadas de la nada,
Cansadas del vacío del que está hecha esta vida;

Cuando los nudillos de la melancolía,
Tocaban a mi puerta,
Eran las horas perennemente muertas y sepultadas,
Las que respondían presurosas,
Con mis poemas a voz en grito.

Cuando las sombras de mi soledad,
Invadían los escombros,
Esparcidos de mi alegría mundana…
Sonreía trémula, la pálida tristeza del alma mía.

Y mis versos,
Enronquecidos en un grito que busca la palabra,
Taladraban el papiro de la esperanza…
Buscando su luz¡¡¡

Mentira,
ya mis letras
se encuentran apagadas,
Ya mi luz no alumbra el verso,
Ya mis poemas no encuentran la puerta.
¿Hasta cuando??

16.Febrero de 1979

DESDE EL ATARDECER DE MIS OJOS

MAS QUE TU … YO

Hablábamos con los ojos y el alma en un puño,
Nuestros besos ahogaron los sollozos,
Te dije adiós muchas veces, y
Nunca me atreví a dejarte ir.

Era una tarde gris, llena de nostalgia
Una tarde sabia y serena,
De esas que mueren temprano…
con el albor del manto negro de la noche;

Era una tarde… noche temprana…
Y al fin, cerrando los ojos
Y callando los gritos del alma mía,
Partí, sin volver la cara…

Una lágrima
Nacía en tus ojos, resbalando suave
Sobre tu mejilla,
Otra, moría en mi corazón.

Tus labios,
en un rictus oscuro de dolor
Se quedaron murmurando un adiós;
En cada paso que daba, escuchaba el latir de mis venas,
Gritándome…!!! Regresa, aun no es tarde¡¡¡
Pero yo…
partí a la lejanía.

La distancia, cruel, dura…
¿Cuándo nuevamente, cruzarás tus ojos con los míos?

Hoy, desde el atardecer de mis ojos,
Contemplo silencioso, el crepúsculo rojo,
Que tiñe con un hilo de sangre,
el manto azul oscuro de este cielo frío, incontrastable.

Desde el ayer de hoy,
Le rezo a mis santos recuerdos,
A aquellos que hoy, acarician suavemente
Mi sueño blando.

Y mi frente, perlada de agua clara,
Me muestra el óleo de tu rostro
Dibujado en mis pensamientos,
Y aunque no lo creas,
la esperanza vuelve a nacer y crecer en mi ser,

Sabes?
Mi sangre palpita al compás de tu nombre,
El recuerdo de tu aliento me quema las sienes frías,
Tu ser vibra en el inmenso cofre alado de mi aorta.
La lira musical de tu voz, persigue mi inspiración;
Y se iluminan mis recuerdos,
y se alegra mi nostalgia,
y ríe mi pena…
Desde el pardo atardecer de mis ojos.

2 Marzo 1979

GUITARRA: LLORA EN MIS OJOS

Se mueve presurosa mi pluma sobre la dulce madera,
toqueteando un llamado de luz, en su eco aterciopelado;
Mi inspiración, adormilada contesta a mi suave llamado;

La luna,
envuelta en vaporosas sedas,
Se dibuja, en el espejo de mis ojos.

La sonrisa,
que cuelga frágil y triste de mis labios…
es el disfraz alegre
de mi alma que llora.

Los rumores ocultos de las brisas de marzo,
Coronan mis penas y canciones;
Canciones escritas con el arpegio
del bordoneo de cuerdas…
Que descienden, se desgranan,
Y reclinan suavemente sus letras,
Sobre las noches tibias del estío.

GUITARRA: dulce madero, eco profundo;
Desentraña tu sollozo, en esta nota silenciosa,
Embriagando de pena mi alma;
Cual paloma torcaza
que prolonga su melodía,

En dulces ondas saladas…
cascada de lágrimas puras!!!

GUITARRA:
Tiñe por favor,
la palidez mística de las rosas blancas,
Con lágrimas cristalizadas…
Espinados rubíes de dolor infinito,
¡Amarga siembra, de alguna pasada semilla ¡

GUITARRA: llora otra vez en tus bordoneos,
Y apura silenciosa la copa de hiel,
Néctar amargo del brebaje que la tristeza te brinda,
Y despliega el pentagrama clavado a tus cuerdas,
como alas matizadas de mil arpegios dolorosos,
Y así…
comienza tu alma a sentir, a vibrar…
a embriagarse,
Buscando el soplo de la inspiración hecha poema…
como el cansado trotamundo busca,
La fuente que le refresca,
la brisa que lo reanima.

GUITARRA: llora otra vez en mis manos,
Que a través de nuestras lágrimas,
Veremos postrarse ante nosotros,
A la dulce inspiración,
entregándose a nuestra dulce sinfonía.

Hyo. 15 de Marzo de 1979.

HORAS DE MARZO

Hoy, doy rienda suelta al salvaje tropel de mis recuerdos,
Voy a quitar tal vez, el polvo amargo de mis hojas blancas;
O quizás simplemente, descorra las cortinas oscuras,
Del profundo mirar de mis ojos;
Nutriendo y empapando mi alma quieta,
Con el trago amargo del cáliz del ayer,
Y beber, a pausas… gota a gota,
Regando cada surco de mi pena,
Sintiendo la brizna azul del otoño, en mi rostro,
Trepando hasta la cumbre mas alta de la pena,
Cual nota aguda de quena a medianoche;
Y así… tragarme resignado,
El sabor agridulce del hastío,
La lenta procesión de los recuerdos tibios,
La queja amarga de la tarde enferma y pálida,
Arrastrando desgarrada,
El ala de la nostalgia hecha trizas en cada lágrima.

Y hoy, desde entonces,
Con mi canción de primavera gastada,
Enarbolando dulcemente mis labios cuarteados…
Sacando mis ojos del pozo profundo, esos ojos andariegos…
Rezando el eco humilde mi triste pena…
Y ayer, desde entonces en la mañana,
Mis hastiadas miradas
se estrellan sobre la dura piedra del atardecer mustío,
Buscando una sonrisa, en qué colgar mi labios,
Una palabra… en la que he de arrimar mis letras.

Hyo. 15 de Marzo de 1979

BORDONEOS DEL CORAZON

Para Artemio e Isabel

Se levanta feliz y pretencioso, el pentagrama de tu quena
Y en cada uno de sus renglones áureos
Suena la almendra desbordada de luz rebelde,
Resquebrajando los copos de las magnolias…
Que danzan en el rocío cóncavo de la aurora.

Se siente,
Se siente en las fibras deshilachadas del alba,
En el espíritu del crepúsculo…
En el arco iris de tu composición,
Que a manera de cascada de talento
Desciende por los surcos fértiles de un solfeo,
Despertando las horas dormidas de la sangre.

El llanto del arpegio musical de tu quena
Inunda el ávido cáliz de nuestra ternura,
Deletreando el cancionero de las horas silenciosas…
Reclamándole a la intemperie de las alturas,
Una lágrima de campanilla lastimera.

Construyes melodías
Con esas notas blancas y vaporosas,
Que el tiempo diligente
Va poniendo en tu lira adormecida,
Y el viento añejo, con grave sabor de alegría,
Sediento de tus melodías nostálgicas,
Mira de cerca tu rostro, esculpido en bronce y ternura,
Y guía tus dedos, trocados en olas de sinfonía otoñal.

Puede quedar el, tiempo, clavado en un segundo,
Pero la madrugada de tu nota,
Seguirá viajando en la esfera suspendida de tu nombre,
Y continuará vigente, en nuestras pupilas llenas de horizontes.

Isabel:

Eres alborada en la luz mágica de cada madrugada
Eres el despertar cristalino y puro del paisaje;
Eres sol, en el crudo hielo, que sopla nuestras carnes
Eres color en las acuarelas del pintor, frente al lienzo hermozo
Eres eco, que se desprende, del granito broncíneo de cada campanada,
Eres perfume de retama, macerado por el invierno de cada año
Eres…. como el alba de todos los días, en las pupilas felices de tus hijos
Eres madrugada, mediodía y noche en la vida de todos
Eres visión y realidad, sueños y fantasías, sonrisas y lágrima…
Eres Madre, hermana, amiga y compañera de nuestro corazón espinado.

Hyo. 16 de marzo de 1979.

¡¡MISERIA TORVA¡!

Los que devoraron nuestros sueños
Tornando esbeltas claridades, en oscuras tinieblas,
Son, en nuestros labios… ¡hiel amarga del sabor tirano ¡
Ellos, han cargado sobre nosotros,
Las pesadas maderas de miseria y dolor,
Han colocado, sobre nuestra frente
Perlada de sudor,
La corona de espinas de mil años de oprobio;
¡¡ Señor, tanto ha sufrido el pueblo mío ¡!
Nos han quitado todos los caminos,
Y los han estrellado, en las picotas de la represión,
Han quitado también, la fuente
De aguas cristalinas,
Que alimentaba la raíz del porvenir peruano,
Y la han sumido en charco putrefacto y oscuro…
… alimento de viles tiranos y siervos chacales.

¡¡ Miseria Torva ¡!
Han enterrado en alegre funeral,
Nuestras ansias locas de Libertad,
Han sellado nuestros ojos,
Y nos han conducido
Por caminos escabrosos,
Donde la patria, ha llorado por nuestros ojos,
¡¡ Hasta cuándo señor, vas a permitirlo ¡!
¿Cuándo llegará el día,
que entre fuego y leños ardientes,
mueran la miseria y la injusticia,
al pie de la Bandera Liberada?

Hyo. 26 de Marzo de 1979

INCONTRASTABLE

Valle hermoso y fértil,
Paraíso serrano con latido criollo
Que nace y crece,
Besada por el incontenible Mantaro,
Con sus ondas y sus espumas… riegan los surcos de su valle
Tan verde y bella en sus faldas,
Donde su incontrastable valle
Se maquilla con la blancura del sereno Huaytapallana,
Juntándose las punas, los valles, y su ceja de selva,
Los nidos de la torcaza fugitiva
Y del pichuchaca majestuoso,
Sus vientos, que encienden sus veranos
Y también dulcifican sus inviernos

La fiesta de San Sebastián en Huancán
La gloriosa encrucijada de Pucará,
Huarivilca y sus leyendas,
La plegaria eterna de los Chalaysantos, con su patrón San Roque,
El cortamonte inmenso y pródigo, de cada pueblo del valle;
El incomparable Santiago, con el mugido feliz del ganado
Que baila con los adornos colgantes de los becerros;
Las soberbias mulizas,
El baile de los pastores adorando al niño Dios;
La chonguinada, con su contoneo alegre y anhelante…pletórico y elegante,
La pirca empinada oliendo a rico barro,
El triste pichachi de Ahuac,
El zumbanacuy de chinchilpos y gamonales,
Las fiestas de las cruces en todo el valle,
La del apóstol Santiago y San Miguel Arcangel,
Los jala patos y el toril madrugador
Huacrapuquio y el dulce aroma de sus adobes
Las romerías en el clásico Yapan Santo,
El cortamonte y sus característico curacabeza y el sacatronco,
Y hasta el tapa-hueco en Chalay;
La cuaresma en Chongos
El corta-pelo tradicional con padrino generoso,

El ejemplo de la rica hembra quechua en Catalina Huanca;
Las pandillas de huaylash, con sus mujeres candentes y amorosas,
Huancán y su paisaje rojo y latente
Huayucachi, y la sencillez de su folklore
Yanama y sus leyendas hechas historia
Sapallanga y sus inconmesurables paisajes;
Las notas melódicas del huayno
Cuando llora la pupila del huanca;

La representatividad del Picaflor de los Andes
En el llanto de sus mulizas subyugantes,
Descubriendo la melancolía de la poesía hecha canción,
En cada estrofa aprisionada con lazos de amor y pasión.

El color en las fiestas del Santiago procreador,
la increíble palpa matrimonial llena de regalos y gestos,
La competencia de los priostes y padrinos en sus fiestas patronales

Un mundo ardiente, conmovido
Infinito y dramático, donde hay
Emoción, poesía, pintura y amor;
Asi como tristezas, decepciones y sueños perdidos,
En cada una de sus gentes.

El folklore huanca nace de la profunda raíz de sus valles,
Del cielo azul, de sus ríos y bosques de molles y eucaliptos;
De sus montañas y su inmensamente bello Huaytapallana,
Y crece incontrastable en su diario latir,
Su precioso y variadísimo folklore
en la intensa grandeza de sus valles.

La mujer huanca, con su carne broncínea y morena
Su risa cantarina y sombrero de vicuña;
Nostálgica en su lliclla de paño,
Sonriente y dadivosa ante los ojos del amado,
Envuelta en vaporosa savia de eternidad
Buscando sus caminos de piedra y cielo…
Baila el triste huayno o la melancólica muliza;
Poniendo el alma en el zapateo furioso de un ardiente huaylash;
Vibrando de emoción vernacular,

cuando se entrega a la aurora viril de un cálido toril;
Logrando que tiemblen trémulos el luminoso rocío de cristal
y la lluvia de sus ojos… suspiro de la huambla.

En noches claras y serenas
Se escucha la serenata callejera,
El nacimiento de la triste muliza;
Efluvio de emociones inefables,
Cabalgata de estrellas…
Besando la límpida sierra huanca,
en la estela ondulante y espumosa,
Del Mantaro encrespado
Que quiere justicia, en su agónico grito ecológico.

Broches de filigrana en sus estribillos,
Incitante el zapateo lacrimoso…
del agónico "ccachua",
que gime una pena o llora un abandono.

El majta huanca hualash
Esculpido en raíz wanka y expresión hispana,
Desata su fibra artística,
En la angustia del arpa serrana,
Lenguaje de dolor, queja del campo:
Máxima expresión del acerbo huanca.

12 Abril 1979

NOCTURNO N° II

Ya se hace el silencio,
Se ilumina la inspiración en
mis ojos,
Rebalsando cristalina
En mi pluma ágil.

Ya la fría helada invade el
recinto ensombrecido
de la marchita primavera,
Ya la enmarañada lluvia
repica su encampanado concierto, sobre la anciana tierra...
Y comienza al fin,
Una sinfonía vacía, que llenará con creces mi nada.

Se quejan las sombras
Deshilachadas por la bombilla de una luciérnaga,
Que vaga silenciosa en el cuarto viejo;
Y en su quejido, enmudecen los tristes vientos del norte;
La pálida rosa, se mece somnolienta,
Tratando de cerrar maternal,
Sus pétalos al rocío escarchado.

Y sobre esta niebla triste,
Que se levanta del caído césped,
flota su majestuosa túnica, la noche;
Y por sobre el minuto silencioso
de la arista cóncava de mi pecho,
brotan preñados jardines incandescentes...
preludio madrugador de la aurora,
y estallan silenciosos mis versos,
encima de la agónica lágrima nocturna.

Y reirán los peros y manzanos,
Los ciruelos y rosales...
Zambulléndose en el rocío madrigal de la inspiración,
...testigos vivientes y mudos del holocausto.

Hyo. 17 de Abril de 1979

NOCTURNO N° III

He escuchado mis pasos oscuros,
En el eco fugaz
Que dobla la esquina azul de la noche,

He mirado
A través de las rieles
Del salvaje silencio,
Las calles cuadradas,
Calles ya hastiadas con el polvo de la vejez,
Calles que se inclinan presurosas,
A recoger el minutero,
De mis retazos de sombra.

Y ante el pino que tiembla,
Flagelado por el viento cruel,
Se inclina la noche,
Doblándose en el césped verde las horas,
Besando enamorada,
Con labios de granizo,
El rosal pensante
que corona mi inspiración tardía.

He contemplado fascinado
Desde la oscuridad cóncava,
Titilante de aurora,
El arcaico incontrastable
De la ciudad dormida;
Que erecta y orgullosa,
Sobrevive al azabache funeral,
De la noche que muere,
Murmurando agónica, su delirio madrigal.

Hyo. 30 de Abril de 1979

Charly.

TORRENTE

Quiero que mis palabras se respiren,
En la brisa cálida de mis versos;
Y que encierren en sus entrañas mi fe, mi visión,
En cada una de sus líneas…
Mi pensamiento y mi vida.
Yo siento a la vida:
Como un torrente de penas,
Por una gota de alegría;
He salido buscando la noche,
Y en las calles esquinadas,
Me he topado con ella, fría y cruel;
He visto en cada destello oscuro,
que los postes de luz,
tratan inútilmente de llenar,
el horario sideral de mi línea, el oráculo de mi ser;
Y no puedo retornar… debo seguir,
Y vivir para adelante;
Dentro del ser, del que me nutro.

Hyo. 5 de Mayo de 1979

Charly.

¿QUE HARE .....?

¿Qué haré, el día en que tus ojos
guarden para mí, una mirada de amor?
Y tus manos, al contacto de las mías,
Me transmitan un mudo mensaje…?

¿Qué haré el día en que a mis oidos,
lleguen de tus labios, frases amorosas…
y tu alegría llene mi mundo solitario,
con notas de divina felicidad..?

Siendo amado … ¿Es posible sufrir?
Teniéndote a mi lado… ¿Quién hablaría de tristezas?
Sintiendo tus pasos, al compás de los míos…
… ¿Puede aún vivir en mí la soledad?

Hyo. 5 de Mayo de 1979

A: Omer

HERMANO:

Mira como se desmenuza
La sombra de tu tristeza
En el hielo de la aurora;
Y cómo tus labios,
Se resisten al grito pisoteado de tu pena desnuda.

Y las alondras que iluminaban tu pentagrama,
Han perecido bajo el viento nocturno de Mayo.
Por encima de la lágrima inconclusa
De las compungidas horas mustias…
Se escucha el sordo arrastrar de tus pasos.

Hermano:
Han temblado los días de mayo,
Mirándote pasar,
Sobre los venenosos corceles del orgullo,
Y hasta el sol, al pasar para hundirse en la noche,
Ha escalado lloroso la montaña,
Queriendo resquebrajar
La piedra en el que has subido a plantar tus pies,
Buscando la raíz de tus iras;

Piensa hermano,
A que dolor diurno resistimos,
Cada día, extrayendo de nuestros bolsillos,
Las estrías trémulas de nuestras penas.

Hyo. 8 de Mayo de 1979

AL AMOR

Lizsy: Quiero guardar tu mirar dentro de mí,
Y sobre la tierra embriagada de rocío madrigal,
Zurcir tus ojos de primavera, quiero…
Sentir tu mano como suave caricia,
Y con mis labios, paladear el sabor alegre de tu sonrisa.

He visto tu alma blanca,
Descender en el arrullo filial del viento,
A despejar mis tristezas,
Con aquella dulce brisa de tu aliento.

Las nocturnas horas, que a tu recuerdo sonrío,
Ya con el cielo y con la luna a solas,
Zambullendo mi inspiración en el
Silencio que nace de tu parda mirada,
Son en mi brindis: horas llenas de ti.

Quiero diluirme
En el Castaño de tus ojos,
Y retozar en los huertos de tus mañanas;
Entre pedregales pulverizados y robustos eucaliptos;
Destilando de mis labios a tus labios,
Las parras ebrias de mis versos nacientes,
Y otra vez, embarcarnos en tardes que no vuelven,
En mañanas eternas, en Mayos perseverantes.

Hyo. 9 de Mayo 1979.

MADRE: AMOR

Madre: despliega mi inspiración,
Su pentagrama de Amor
Estremeciendo el despertar lírico
del paisaje,
Con el eco palpitante de mi
estrofa,
En el viento que acaricia tus
sienes.

Madre: amado cáliz de nuestro capullo,
Ante tu fulgor amoroso, de manantial alegre,
Palidecen las rosas, y la canción ondulante
del agua azul que cae en mil fuentes cristalinas,
Enmudece con la musicalidad de tu voz.

Tú, que a manera de chorro refrescante en el desierto
Destilas tu mirada de cielo generoso,
Como bálsamo milagroso sobre nuestra alma triste;

Eres:
Manantial de amor,
Del que toma su càlida alegría, el alba
Eres pétalo filial en cada flor que nace,
Corola de rocío, en el horizonte perseverante,
Eres como mil florilegios perseverantes de
Eternas primaveras.

Los ríos no corren en su cauce, si les falta tu mirada,
Los vientos no susurran, si les falta tu voz
La aurora, no madura en alba… si les falta tu presencia.
Y las noches no son serenas y estrelladas,
Si lloran los cielos, por tus ojos.

Madre: Puedo plasmar en estas líneas
Tu vida sacrificada y tu blando dolor,
Puedo plasmar tu bondad, tu amor,
Tanta espina que en tu frente has resistido,

Pero, es tan poco este papel,
Que no alcanzaría a plasmar,
Los inconmensurables caminos
Que has recorrido de la mano,
Con tu cruz abnegada; llevando en tu corazón sonriente,
Los capullos de tu vientre santo.
Por eso Madre… ¡ Es por ti, que el hogar se enciende ¡

Hyo. 12 de Mayo de 1979

SOLO POR TI

Sólo por ti,
Mis manos escriben, lo que mi ser siente,
Solo por ti,
La inspiración rebalsa de mi frente,
Sólo por ti,
Mis ojos se iluminan cuando te recuerdo,
Solo por ti,
Mis labios callan, lo que grita el alma.

Yo sé que un día, te preguntarás: ¡ Cuánto te quiero ¡
Y pasarán los días, los meses y hasta los años;
Pero, cuando sientas que no pasan
Los momentos que vivimos felices,
Y sigas escuchando mi voz, diciéndote Amor,
Y se te iluminen los ojos, con mi dulce mirar;
Y sientas en ti, profunda y latente
La respuesta a tu interrogante pregunta,
Comprenderás, que sólo por ti,
He aprendido a amar,
¡ Sólo por ti… ¡
por tu mirar radiante y sereno,
por tu risa cristalina,
sólo por que te amo,
he aprendido a vivir del Amor…
… y que ¡ Sólo por ti, he escrito este verso ¡¡

Hyo. 12 de Mayo de 1979.

TAL VEZ…

Tal vez mañana, los poetas lloren
Buscando en sus pentagramas albos,
Una respuesta a su cantar;
Y arrastren con ardiente cólera,
Un solitario pétalo de rocío…
Resbalando por sus rostros.

Tal vez mañana,
Liberen al fuego de la palabra,
De su cárcel pálida de ceniza.
Tal vez, como el tiempo,
Andemos año tras año,
Buscando anhelantes, un destello de justicia,
Una luz, hecha hombre…
Un hombre, hecho pensamiento,
Y cuando llegue ese día…
Nuestras miradas se abrirán,
Como se abre la tierra
Para recibir el grano de esperanza,
Y desafiaremos balas de represión,
Con la luz de mil sueños, quemando nuestras sienes.
Y levantaremos como brasas palpitantes,
nuestras manos sin tamaño…
¡punto de partida del milagro¡

Leed mis letras, hechas verso;
Leedlas frente a la noche,
Leedlas, bajo el cristal de mis ojos,
Por que aquí, dejo un retazo de alma,
Para que me vean pelear,
Por mis esperanzas sin tamaño,
Por mis estrofas, siempre puestas en pie.

Hyo. 14 de mayo de 1979

HORAS TRUNCADAS

Tal vez, un sueño asalte la esperanza,
En horas truncadas de silencio;
Y las montañas de nuestros deseos,
hundan sus ojos andariegos,
en los llanos estériles de papel, como inútil raíz…
Buscando la huella generosa,
De una misma lágrima ya llorada infinitas veces.

Tal vez palidezca,
La paz del fuego en medio de la noche,
Al oir el sollozo del hombre,
Que desgarra y grita,
Con el dolor de la injusticia;
Rompiendo el silencio de los muertos;
Untando con mil tristezas, la luz dispersa…
De la fría nieve, de nuestros soñolientos ojos justos.

Mientras haya alguien,
Que llore el pan de cada día,
Mi verso truncará su sonrisa,
Y luchará para sacar a flote…
La grandiosa letra en que nació la esperanza.

Hyo. 15 de Mayo de 1979

NOCTURNO A LIZSY

Esta noche,
Junto a la sombra añil de mi soledad,
Quiero reflotar desde el viñedo de mi silencio,
El racimo de versos inspirados en ti;
Y escanciar en el viento que acaricia tus labios…
El vino mas dulce y tierno de mi amorosa cosecha.

Lizsy:
Has nacido, en la fogata de mis pupilas
Y te diluyes (pasión) en los leños ardientes de mis labios;
Por ti, mi grito conmueve a las estrellas,
Por ti escribí esta canción, para arrullar tu lecho virgen;
Y te veo desde la helada escarcha de mi silencio,
retozar cálida y radiante en el sendero de mis latidos;
Por que tú, desde tu plenilunio,
Endulzas el arroyo de mis ojos y refrescas
la sed enamorada de este Nocturno.

Quizá mañana, madrugada
El rocío quiebre su sonrisa
A través de los pétalos palpitantes del rosal;
Quizá sientas trocar noches insomnes
Por sueños embriagantes de las mil y una;
comprenderás entonces, Amor
Que por ti se ilumina mi frente,
Por que tú… enciendes la llama de mi inspiración.

Deja que tu mirada abrace a la mía,
Deja que tus labios se crucifiquen con los míos;
Deja que sean mis manos las que modelen tu rostro,
Déjame amarte como nadie te ha amado,
Y balada tras balada…
Susurrar mi amor a tus oidos.

Hoy, estas líneas que revientan en flor,
Predican,
el primer encuentro con tus ojos,
el primer roce de tus labios… a mi sedienta boca.
mis primeras palabras al nacer del amor.

Yo soñé, latido tras latido,
La brisa refrescante de tus caricias;
Y que tu cuerpo ardiente,
Resbale por entre mis dedos
Como tierra suelta…
Tierra amada.

Lizsy:
Esta noche, quiero beber
El cáliz de espumante entrega,
Que tus labios me ofrecen;
Y brindarte…
Una aurora radiante de felicidad,
Un punto en la inmensidad cósmica,
Para que ambos, tomados de la mano
Fijemos nuestra mirada y
Dirijamos nuestros pasos hacia ella.

Hyo. 16 de Mayo de 1979

TE HE HALLADO

He puesto mis ojos
Frente a mi alma quieta,
Buscando tu recuerdo de ángel,
Y te he hallado, amada mía;
Creciendo cada día más
En la esperanza zurcida…
De mi crepúsculo roto,
En las ráfagas de luz…
Que invaden mi oscuridad,
En la estación multicolor…
De mi primavera florida,
En los surcos arados…
Por tus labios en los míos.
Te he hallado,
En la fragancia tibia de mi aliento,
En el nido blando de mis brazos,
En el cielo que sonríe a flor de ternura;
Te he hallado a ti,
Y he hallado tu ternura,
Cuando tus ojos se encierran en los míos,
Y tus labios se pierden en mi sonrisa.

Hyo. 16 de Mayo de 1979

PRIMER DIA

Quiero que me sientas en ti,
Desde el amanecer de tus ojos,
Y que me recuerdes como yo,
En la caricia azul de la noche.

Quiero vivir en el aire que llena tus pulmones,
En el cristal fulgurante del rocío
Que adorna tus mejillas;
Quiero existir para ti
En tus más hermosos sueños;
Ser tu: dos veces yo,
Y elegir como morada
La calidez que acompaña tus pasos;
El arco iris cristalino de tu sonrisa.

Quiero caminar nuevamente –contigo-
Por las serenas calles incontrastables,
Embotadas del recuerdo joven,
de Eneros ya vividos,
de diciembres perseverantes.

Y con mi voz, en el aire cálido de tu almohada,
Arrullarte en tus noches insomnes;
Demorando el mensaje de mis labios en tu frente,
Rezando un recuerdo callado,
Al sentirte lejos de mis ojos.

Hoy, No estás aquí,
Pero te encuentro en mí,
Hay distancia entre nosotros,
Y sin embargo, estás en la melodía de mis canciones,
En los versos de este diecisiete madrugador
De este primer día de esperanzas.

17.05.79

EN TI

Cada vez, que leas un poema mío,
Quiero que busques en cada palabra,
En cada renglón, en cada verso
Un pedazo del alma mía,
Por que es mi sentir, que va en ello.

Y si encuentras además,
Un mucho de ti en ellas,
Sabrás por que, es que tu sonrisa
Me ilumina el rostro.

Quiero que después de cada estrofa,
De cada verso,
Dejes a tu imaginación
Volar hasta mí,
Que yo vendré en el aroma suave
De la brisa que acaricia tu cabello,
A depositar, mi ser en ti…
En ti mi amor… en ti.

Hyo. 18.05.79

REIR EN TUS LABIOS

He caminado hasta la saciedad,
Sin dejar huellas a mis pasos,
He arado inútilmente,
En las piedras que la vida
Me puso como camino…
Sin ver en ellas, mella a mis esfuerzos.

Este día,
A tantas lunas del inicio de mi ruta,
He hallado al fin,
Un faro verdadero y luminoso,
Que ha de iluminar con creces,
Mi barca ya zarandeada y golpeada,
Y ha de alentarla,
Para vencer a encrespadas olas,
Que hipócritas,
Me mecían en su calma…
Y ahora, afilan
En la oscura tormenta de sus pasiones,
Sus rencores ya rumeados.

Lizsy:
Quiero cimentar con tu amor,
Mi resquebrajado camino,
Quiero anclar mi quebrada barca,
En la orilla de tu ternura,
Quiero vivir, con el calor de tu mirada,
Reir en tu risa cristalina,
Y juntos, derribar y salvar los obstáculos
Que el egoísmo humano nos depare.

Hyo. 18 de Mayo de 1979

EL AMOR: EXISTE

Cuando te mire a los ojos
Y sea como la primera vez
Cuando madrugue a tus oidos
Susurrando frases amorosas
Y sientas transportarte
En nubes de pasión, hacia lechos de Amor
Descubrirás que el Amor: Existe.

Cuando te tome de las manos
Y ya no te sientas sola,
Cuando el sólo caminar
Bajo mis brazos, te haga feliz,
Descubrirás que el Amor: Existe.

Cuando despiertes sonrojada
Por un sueño de Amor,
Y recuerdes mis caricias,
Mis besos en tu piel,
Descubrirás que el Amor: Existe.

Cuando a mi ausencia
Te sientas impaciente y preocupada,
Cuando en mi tristeza apagues tu sonrisa,
Y se alargue tu alegría en mi alegría,
Descubrirás que el Amor: Existe.

Y cuando sobre la importancia
De tus cosas, me encuentres a mí,
Descubriré que me amas.

Hyo. 18. 05.79

Respuesta a la carta del 16.05.79

CARTA N° 1

Dios te puso en mí,
Como bella aurora,
Después de noche eterna
Como bálsamo refrescante,
A mis heridas ya cansadas,
Por que tú,
Con tu amor puro y sincero,
Has reavivado mi fe en la vida.
¡ Quiero vivir en ti ¡
ser: la brisa que te reanime
    la fuente que calme tu sed,
      la luz que haga feliz tu mirada
        el árbol, en el que a su sombra descanses.

Hemos comenzado a bregar juntos,
Para llegar a una misma meta,
Es por eso que:
Quiero que reclines tu cabeza en mí,
Que te embriague el calor
Que emana de mi pecho,
Y escuches en mis latidos,
Una sinfonía de Amor, inspirada en ti.

¡¡ Gracias mi Amor ¡¡
por ser yo,
el primero en tus labios y en tu corazón
gracias por amarme,
por brindarme tu primera mirada de amor,
por tenerme presente…
en cada amanecer de tus ojos,
en tus sueños mas hermosos
en un nuevo día lleno de esperanzas y dichas,
olvidándonos de pasados tristes
y de sinsabores ya paladeados.

Hyo. 18.05.79

POR QUE TE AMO, QUIERO LLENARME DE TI

Quiero encerrar entre mis manos
La candidez y pureza de tu mirada
Y recorrer a través de tu sonrisa
La libertad de tus caminos.

Dibujar con luz de mil auroras
Tus pupilas llenas de horizontes
Y en el crepúsculo mágico
De mil noches de dicha,
Ver tu cabello alborotado
Flotando sobre cascadas transparentes
De amaneceres vividos plenamente.

Quiero, en tu ser
Despertar secretos ardores
Y apagar con mi amor
Las brasas de tu pasión enervante.

Quiero llenarme de ti,
Flotar en cada beso, entre las nubes
Y dormirme sintiendo tu aliento
Diluirse en mis labios
Y el palpitar que tiene tu mirar
En el calor de mis ojos
Luego abrazarte y llenarte de calor
Y amarnos
Y enloquecer juntos
Consumiéndonos en las llamas
De nuestro amor

Hyo. 19.05.79

PASIÓN

Quiero embriagarme,
Bajo la tersura de tus pardos cabellos,
Empapando mi alma quieta
Con tu cálido perfume
Y recorrer con mis dedos
Trémulos de pasión
Tu piel, cual pétalo de azalea,
Y hablarte al oido,
En cada pentagrama amoroso,
Que mis labios dstilen…
Y unirme a ti,
En un solo mirar,
En un solo palpitar,
Y ser tú y yo: uno sólo

Hyo. 19.de Mayo de 1979

ARRULLO

Me encontrarás,
En el bordoneo de cuerdas de tu guitarra,
En el eco de una canción ya cantada,
En cada cielo que invada tu mirada…

Me encontrarás,
Al pie de la esperanza,
En el sol que ilumine tus recuerdos,
En el agua acariciante que bañe tu cuerpo…

Me encontrarás,
En el ondulante beso tibio, que arrulle tu almohada
En el lino perfumado de tu lecho
En la horas nocturnas en que el sueño no llegue a ti

Me encontrarás
En cada gota de tus labios,
En la sombra que te acompaña protectora…
En la paz florida de tu jardín.

Me encontrarás… ¡ tienes que encontrarme en ti ¡,
En tus amaneceres y en cada retazo de tus noches,
En cada surco de tus labios, ya recorridos por los míos,
En cada balada de tus recuerdos,
En cada uno de tus gestos, que yo hice míos,
… en ti, me encontrarás en ti, mi Amor

Hyo. 20. Mayo de 1979

Charly.

DISTANTE

A: Omer
Desde el silencio

HERMANO:

Hoy te veo solitario y triste
En el reflejo de mi propia soledad,
He pensado en ti
Y mi pensamiento, se ha diluido en tu silencio,
Ya nuestro hogar no sonríe
Con nuestras risas fraternales,
Y son cómplices de nuestro letargo,
Las tardes hastiadas de recuerdos agrios,
Y las paredes indiferentes y frías
Que separan nuestro calor filial.

Ya, hasta el eco de tus pasos
Se hace opaco en la sombra de los míos,
Y el sonido de tu voz lejana,
Se nubla en mis oídos.

Te veo distante, subido en tu pedestal de silencio
Y yo, me hallo sumido en lo más hondo de mi soledad;
Baja hermano (que yo reiré)
Y el hogar se encenderá
Y volverá a remecerse
Con el eco de nuestras risas.

Hyo. 21 Mayo 1979

QUIERO QUE SIGAS EL CAMINO QUE MI AMOR TE ABRE

Hoy he visto en mis ojos
Una nueva luz serena y clara
Por sobre la desconfianza que ya murió en mi
Quiero alimentar con tu cariño
Esa hoguera de seguridad y confianza
Que has prendido, con la fogata de tu amor.

Quiero recoger, cogido de tu mano
Lo bueno que nos depara la vida
Y escuchar de tus labios
Que me quieres, como yo te amo,

Estoy escribiendo esta madrugada
Henchido de gozo y contento
Por las letras hechas verso
Que has dedicado a mi ser
(y eso, sin ser muy expresiva)
ya me imagino lo que escribirías, si lo fueras

Gracias mi amor, son tan bellas tus palabras
Que me emocionan y alegran
Pro que en tus versos se nota
El amor, la comprensión y ternura
Que sientes por mi

Gracias mi amor, por ser como eres
No te imaginas lo mucho que te quiero
Y que me alegra que escribas así
Y no te preocupes pues yo voy a despertar
Tu inspiración y tu expresividad dormida
Digo "dormida" porque siento en ti un gran caudal dormido y poco a poco vas a aprender a utilizar ese don que Dios ¡ Si puso ¡ en ti.

Cada vez mas…
Te amo:
Charly.
Hyo. 23.05.79

TERNURA

Me gustas, cuando sonríes
Por que es como si la felicidad se despeñara
A mi encuentro,
Me gustas, cuando tus labios se pierden en los míos,
Por que en ellos paladeo la miel de la dicha
Me gusta, cuando tus ojos se encuentran con los míos,
Por que en ellos descubro mil esperanzas de amor…
En muda caricia,
Me gustas,
Por que siento tu apoyo en una mirada,
Tu amor en un beso…
Tu aliento en una caricia,
Me gustas…
Por que sin ti, mi vida se perdería
Nuevamente en la profunda soledad de un yo sin nadie.
Me gustas, cuando escribes tiernamente,
Por que en tus versos encuentro…
Tu alma enamorada, y te amo más
Me gustas, cuando ries
Por que siento transmitir a mis venas tu alegría,
Cuando cantas,
Por que en tu cantar, se alegran las fibras de mi corazón
(Y me embarga la nostalgia
de no haberte querido antes)
me gustan tus cabellos, en su alegre desorden,
el color de tus ojos, claros como tu amor
y me gusta tu manera de ser,
por que encierra en conjunto…
todo lo que me gusta de ti.

Charly.
Hyo. 23 de Mayo de 1979.

CARTA N° 2

QUIERO QUE SIGAS
EL CAMINO QUE MI AMOR TE ABRE

Hoy he visto en mis ojos
Una nueva luz serena y clara
Por sobre la desconfianza, que ya murió en mí.
Quiero alimentar con tu cariño
Esa hoguera de seguridad y confianza
Que has prendido, con la fogata de tu amor

Quiero recoger, cogido de tu mano,
Lo bueno que nos depara la vida
Y escuchar de tus labios
Que me quieres, como yo te amo

Estoy escribiendo esta madrugada,
Henchido de gozo y contento
Por las letras hechas verso
Que has dedicado a mi ser
(y eso, sin ser "muy expresiva")
ya me imagino lo que escribirías, si lo fueras,
Gracias mi amor, son tan bellas tus palabras
Que me emocionan y alegran,
Por que en tus versos se nota
El amor, la comprensión y ternura
Que sientes por mí.
Gracias mi amor, por ser como eres
No te imaginas lo mucho que te quiero
Y que me alegra que escribas así.
Y no te preocupes, pues yo voy a despertar
Tu inspiración y tu expresividad "dormida"
Digo "dormida" por que siento en ti, un gran caudal
Dormido, y poco a poco vas a aprender (te falta poco)
A utilizar ese don de Dios ¡ Sí puso¡ en ti
     Cada vez mas….
     Te amo:

        Charly 23.Mayo.79 00.30 a.m.

ENFADO

I
Me envuelve
La vorágine impelente de recuerdos agrios
Estoy bebiendo
El acíbar de la incomprensión
En los labios de la esperanza
Esperanza que se torna pálida en mi cansado mirar
Ya hasta mis versos
Se contagian de mi cansancio
Y buscando en mi inspiración
El grito que se hace sordo
Vuelcan en estas líneas
Su pesada carga de iras

Son iras románticas
Son cóleras pasajeras
Que se encuentran en el hombre,
Como el oxígeno en sus pulmones,
Y bajo sus dominios
Es fácil dejar el amor por un capricho,
Internarse en la soledad y
Tropezarse de cara con el hastío

II
Te busqué sin hallarte
Por caminos ya andados
Te llamé
Y sólo me respondió el eco helado de las horas,
He corrido por encima del minutero
Y aún siendo de día
Se oscurecía mi esperanza con tu prolongada ausencia
Ausencia injustificada
Que resquebraja mas mi parchada ilusión.

Hyo. 24.Mayo 1979

RETORNO

He viajado poco,
Te he extrañado mucho, me hacía falta
Tu voz en mis labios, tu mirada en mis pupilas…
Tu sonrisa en mi alegría.

He sentido tu ausencia en mi costado
Y en cada recodo del camino,
Han llamado a mis oídos, tus cantares tiernos,
Y a mis labios, la última huella de los tuyos.

Ha sido duro el sendero lejano que he tomado,
Caminando de espaldas a tu adiós…
Con la sonrisa trunca,
Añorando el retorno.

Te he recordado de cara al sol,
Respirando la brisa marina,
Comparando el ocaso nostálgico,
Con la acuarela viva de tu mirada.

Te he recordado, en la quietud de las cordilleras,
Coronadas de pétreos picachos
En mis noches de plenilunio,
Cuando tu imagen coronaba mis sienes.

En las reverberantes olas
Que se escurren de mis manos,
Te he recordado… en la sed de mis labios,
En cada horizonte de mis ojos,
En el palpitar solitario de mis venas…
Ahora tan lejanas de las tuyas.

Ch. 03 de Junio de 1979
Charly.

TE EXTRAÑO Y TE AMO

Si al acortar la luz de tu mirada - noche fría
Mi luz te sigue alumbrando
Si a tu voz
Me llevas amarrado y a tu frío mi recuerdo calienta,
Piensa que te extraño… y te amo.

Si en tus labios
Sientes el calor de mi boca
Si en tu piel vibra
Mi última caricia
Y en tu cuerpo
Vagan, frescos mis besos
… piensa que te extraño y te amo.

                 Charly

               Ch. 4 de Junio de 1979

LIBERTAD

Al verte pasar por los caminos de tu lucha
El tiempo se detiene en un segundo eterno,
Para posar sus labios cuarteados
En tu frente combatida y golpeada,
Pero siempre latente
Como hoguera de llamas compañeras
Ardiendo en el grito esperanzado
De masas proletarias
Que viven del dolor y del hambre
Y que esperan tu renacimiento
Al frente de la bandera peruana.
Y el obrero, soportando dolores
Y mostrando su pecho, como frente de combate
Cruza los andes
Zurciendo los días, meses….
Esperando un enero ó un diciembre, en que quizás
Tú llegaras desde las cumbres de tu lucha
A romper los grilletes de esta tierra peruana
Ya envejecida por ardientes luchas

Y veremos añorada libertad,
Tu frente elevándose en olas de dolor,
Como llama incombustible
De la inmensa antorcha proletaria¡¡¡

Hyo. 4 Noviembre 1978

EXTRAÑO

Escribo esta noche
Acompañado de mi cigarro,
Estos versos que se esparcen
Como las volutas en mi refugio,

Siento que a mi ser invaden
Nostalgias ya olvidadas
Pero, que a su retorno
Reviven mis heridas (y mi soledad)
Y en mis labios
Ha vuelto a perderse la alegría

Nuevamente me arrastra la tristeza,
Desgarrando mi última sonrisa de hoy,
Te he sentido lejana y diferente
He respirado entre nosotros
Una niebla extraña… ¿porqué?

Me duele este día, en el rostro cansado,
El insomnio ha sacado desde sus raíces
Los pétalos hirientes del silencio
Y los ha clavado uno a uno
En cada surco de mi nostalgia

Y así como se acaba el 10° cigarrillo
Inundando de cenizas mi ceño
Aumenta también mi impotencia ante las dudas

Yo te amo, y extraño a la Lizsy que dejé,
A mi Lizsy.

                                                             Charly

                                              Hyo. 7.Junio.79

ESPERANZA

Busco tu amor, para escribir mis versos,
Como el náufrago busca la boya...
Para dar un respiro
A su desesperanza;

Busco tus ojos, para diluir en ellos mi mirada
Como el desahuciado busca,
Una hilacha de esperanza
En la que ha de colgar sus rezos

Busco tus labios, para fundirlos en los míos...
Como busca el ave en el desierto...
La fuente que refriegue su sed,
El nido en la que ha de dejar sus trinos

Busco tus versos,
Para alegrar mi nostalgia...
Como busca la rosa pálida, en árida sequía
El rocío cristalino que el alba le ofrece
De la que ha de beber, el sumo de vida.

Hyo. 8.Junio.1979

QUIERO ...

> "Por que te amo,
> quiero llenarme de ti"
> 5:30 a.m.

Quiero encerrar entre mis manos,
La candidez de tu mirada,
Y recorrer a través de tu sonrisa
La libertad de tus caminos.

Dibujar con luz de mil auroras
Tus pupilas llenas de horizontes,
Y en el crepúsculo mágico
De mil noches de dicha,
Ver tu cabello alborotado
Flotando sobre cascadas transparentes,
De amaneceres plenamente vividos.

Quiero en tu ser
Despertar secretos ardores
Y apagar con mi amor,
Las brasas de tu pasión enervante.

Quiero llenarme de ti,
Flotar a cada beso entre las nubes,
Y dormirme sintiendo tu aliento
Diluirse en mis labios.

Quiero fundir el palpitar que tiene tu mirar
En el calor de mis ojos,
Luego abrazarte y llenarte de calor,
Y amarnos, enloqueciendo juntos
Consumiéndonos en las llamas
De nuestro amor.

Charly

Hyo. 9.Junio.1979

ENCUENTRO

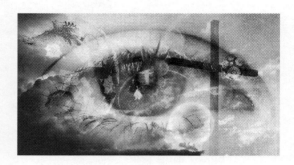

A: CRISTO

He hallado el amor
Y del amor, lo puro y verdadero,
He hallado el amor
Que ilumina y sonríe
Que consuela y celebra
Que brinda la paz
Que perdona y comprende de corazón,
Que se entrega y lucha,
Por defender la verdad.

He hallado el amor,
El que vive dentro de mí,
Impregnado del aroma dulce de pureza
El que rebalsa de alegría en mis ojos
Cual rocío tierno,
Preñado de felicidad

He hallado el amor...
... y del amor
lo puro y verdadero: TU

Umuto 16 Junio 1979
11.30 p.m.

CARICIA

A: PABEL

Sonrisa al viento, cara de ángel
Cascabel de alegría en su risa,
Ondulantes olas en su cabello oro,
Ojos puros, mirada libre,
Cascada de rocío en sus lágrimas,
Gorjeo de mil pentagramas alados
En su tristeza
Ronroneo de ternura en sus caricias,
Bordoneo de cuerdas…
En el eco de sus pasos.

Alegría infantil,
Ternura celestial,
Inocencia angelical,
Sonrisa pura,
Mirada amorosa,
Lágrimas cálidas de rocío,
Caricia filial en sus manos,
Amor, en la sombra de sus pasos.

Hyo. 22.Junio 79

Charly

ESTRUENDO CREPUSCULAR

Estruendo crepuscular….. en tus labios
Cuando se despeña cristalina tu sonrisa, cayéndose en risa;
Estallido de cielo herido…
En tu parda mirada,
Piel bruñida de amor,
Cuando mis manos acarician los pétalos de tu rostro,
Mezcla virgen de pudor e inocencia
…. en tu llameante vientre:
Es mi sueño:
Amarte bajo el lino terso y blanco de tu lecho
Ardiendo por encima de tu candor
Endulzando con mi pasión, tu dolor;
Es mi sueño:
Un amor divinizado en dulce entrega…
….. entrega de amor

Hyo. 2 Julio 1979

UNA SONRISA

> "También en la importancia
> de las cosas mas simples ..."
> ….. Una Sonrisa.
> Vargas Vila

Mi esperanza:
En cada surco
Regado de lágrimas cansadas,
que nubla tu rostro… una sonrisa
En cada mirada
Que se despeña en pena…. una sonrisa
En la sombra gris
Que retorna detrás de la nostalgia… una sonrisa
En el recuerdo agrio
Bordeado de soledad… una sonrisa
En la caricia de una guitarra
Eco de mil tristezas…. una sonrisa
En este mundo plástico,
Vacío de comprensión y ternura… una sonrisa

Hyo. 4 Julio 1979
2:00 p.m.

SANTIAGO NOCTURNO N° 4
(Inconcluso)

Ya el sol ha huido de la noche
Y se extiende la oscuridad
Las horas transcurren sin hacer ruido
Todo invita al descanso

Por la ciudad, el mundo nocturno
Continúa inexorable su ruta,
Por las calles empolvadas, con luces tornasoleadas
Los hombres marchan ebrios de placer
A gozar en los brazos de baco
En horas de Santiago

Y los trajes tradicionales, se lucen
En cuerpos ondulantes
Vibrando al suspiro melódico
Del son cantarino y melodioso
De las mulizas, el huayno y el Santiago.

A TI ..... TE LO PIDO

Señor: Has que mis manos
No se cansen de escribir
Has que la inspiración
No se aparte de mi frente;
Dame fuerzas para continuar,
No me tientes con caminos fáciles
Muéstrame mas bien el camino rudo,
Moteado de zarzales y abismos,
Pero no me abandones en mi caída…
….. dame valor para erguirme
y seguir mirándote con amor.
no me tientes con descansos prolongados,
señálame mas bien el trabajo duro;
que fortalece el corazón
y ablanda el camino.

No me tientes con el amor fácil
Enséñame mas bien,
El amor sacrificado y sin egoísmos,
El amor que todo lo da
Sin pedir nada a cambio.
No me abandones en mis flaquezas
… dame el valor para reconocer mis errores
y la sabiduría para corregirlos

Señor: haz que mi ser
No busque ganarse un paraíso perdido,
Enséñale mas bien
A formar uno en la tierra,
Y a vivirlo sirviendo a los demás.

Señor: dame tu valentía
Para ayudarte a cargar
La pesada cruz que te has impuesto,
Para soportar tus espinas
En mi frente
Tu herida, en mi costado
Tu sed, en mis labios
Tus clavos, en mis manos y pies
Los azotes, en mi espalda
Todo esto te lo pido, Dios mío
        Con Amor

                                      Hyo. 9 Julio 1979
                                          8:00 a.m.

SI PUDIERA.....

Amor, no es solamente una caricia,
Amor, no son tus ojos y tus labios,
Amor es, una sonrisa en la tempestad
Amor es, como dice ese verso:
"Dar todo sin esperar nada a cambio"
¿Qué he dado?
He dado todo de mí
He dado ternura, amor y comprensión
Y … ¿Qué he recibido?
…. tan solo ….. ¡ una ilusión ¡

Puedo amarte con locura,
Amarte con todas las fuerzas de mi corazón
Amarte, con ternura y con dulzura
Amarte con toda mi pasión y mi furia,
Pero….
No puedo exigirte
Que me ames de igual manera
No puedo exigirte
Que des algo que no tienes:
Amor verdadero;
Pues el amor…
El amor verdadero nace,
Nace espontáneamente,
Sin exigencias ni pedidos,
Nace del corazón,…
Y se engarza en el alma.
Puedo amarte con todo mi ser;
Pero … ¡¡ Oh Dios ¡¡
Si pudiera hacer que me ames
De igual manera

Hyo. 9 Julio 1979
7:20 p.m.

AMOR EXTRAÑO

Pensar, que no todo es tan claro
Como lo veía yo,
Saber que detrás de ti
Estaba la desilusión…. ¡ Cuánto sufrimiento ¡

Me duele en el alma,
Haberme tropezado,
Con esta realidad tan cruel y tan dura.

Hoy día… Dios mío
He sentido tus espinas en mi frente…
Al pensar tanto en ella;
He llorado mi alegría falsa;
Me ha remecido de dolor,
Tu herida en mi costado…
Al ver caer mis ilusiones;

He sentido en mis manos y mis pies,
El taladro de los clavos,
Al haber ido al encuentro de mi pena.

¡ Dios Mío ¡
dame fuerzas, para volver
a creer en ella,
y en su amor tan extraño.
Yo la amo,
Haz que este amor,
Me ayude a incorporarme
Y me dé fuerzas
Para recuperar la sonrisa….
Que este día tan gris, se ha llevado consigo….

Hyo. 9 Julio 1979
8:00 p.m.

¿HAS .....?

¿Has comprendido,
el verdadero mensaje de mis versos,
.... o es que sólo te has enorgullecido
al saber que tu amor es mi inspiración?

¿Has respirado
el aroma real, que de ellos se desprende,
.... o ha sido sólo, un letargo superficial
en el que te has sumido al leerlos?

¿Has vivido, en carne propia,
cada uno de los pedazos de vida
que mi inspiración ha plasmado en letras...?
¿O ha sido sólo un espejismo,
fruto de la melancolía que encerraba
la emoción de sus líneas...?

Si has comprendido, mis versos,
     Respirado, mis letras,
     Vivido en carne propia,
Cada una de mis líneas blancas
      ¡ Es que me amas ¡
y sino ... es que sólo te has dejado llevar
por una ilusión pasajera

                                     Hyo. 9 Julio 1979
                                        10:00 p.m.

TODO RENACE…

Todo renace…
Hasta el triste ocaso
Vuelve a renacer con la
aurora madrugal;
hasta el árbol
enflaquecido de otoño,
Vuelve a llenarse de hojas
esperanzadas,

Todo renace…
Hasta la tierra gris y estéril en sequía,
Vuelve a pintarse de arco iris y mariposas…
Entonces….
¿Por qué mi esperanza rota
no ha de zurcirse,
con los hilos alegres de la fé?

¿Por qué ha de habitar siempre
en mí la soledad y la tristeza …..?

….. torna la esperanza a mi ser

                                                Charly

                                      Hyo. 10 Julio 1979
                                          10:00 a.m.

MIEDO

Tengo miedo…. de quererte
Como ya te estoy queriendo;
Y de quedarme luego con el sabor
De la desilusión en los labios.

Tengo miedo…
De acariciar luego, sólo
El fantasma de tu recuerdo;
….. de amanecer un día,
y ya no sentir tu calor en mi pecho.

Tengo miedo…
De enterrar mis esperanzas
En el funeral de tu adiós;
De abrazar una ilusión
Que se evapora entre mis brazos

Tengo miedo…
De que tú, no me ames…
Como te estoy adorando yo

Charly

Hyo. 11 Julio 1979

SI HAS DE AMARME

"Siempre es mas fácil..
Enviarnos a la soledad,
Que sacarnos de ella"

Quiero que me ames…
-si has de amarme-
tal como soy:
un viento triste y melancólico
que refresca tus labios,
una brisa solitaria que a tus oídos canta en su soledad,
Una fuente clara y nostálgica… que tu sed calma.

Quiero que me ames…
-si has de amarme –
con sinceridad y ternura,
sin regatear ni compartir tu cariño hacia mí,
quiero que me ames, como se ama el silencio…
y nuestras almas se empapan del rocío amoroso,
que nuestros labios destilan.

Quiero que me ames ….
-si has de amarme-
como se ama la aurora madrigal,
que se despeña por encima de nuestras esperanzas,
Como se ama una canción que remece el alma…

Quiero que me ames…
-si has de amarme-
como ama el ave…
el viento helado, que sus alas escarcha y aún así vuela;
Como nos ama la tierra, que luego de sufrir un crudo invierno
Nos ofrece su mas hermoso florilegio en la primavera.

Quiero que me ames…si has de amarme,
Como te amo yo.

Charly

Hyo. 11.Julio 1979

TE LO PIDO

Te lo pido:
No me pongas frente "al resto"
… que ellos son muchos, y yo estoy solo
        ¡ Unete a mí ¡
no me pongas al nivel de los demás,
…. que a ellos les quieres, y a mí… ¡ Me amas ¡
no me enfrentes a tu indiferencia;
que mi amor no puede vencerla
y mi ternura, choca contra ella.

No me niegues, lo que tanto ansío: Tu Amor,
Por que ése, es el oxígeno de mi alegría,
No claves tu incomprensión
En mis heridas
Pues harás de mí,
El mismo de antes…. y no lo quiero

                                    Hyo. 12 Julio 1979

COMPRENDEME

Sólo tú sabes ¡ Cómo herirme ¡
Sólo tú conoces mi talón de aquiles…
¡ No me hieras por favor ¡
pues el puñal de los demás,
no me destroza,
como lo harías tú, con un alfiler.
Y la traición del resto,
No mella mi integridad
Como lo haría una palabra tuya.
    ¡ Compréndeme ¡

Una palabra, un gesto, una acción
Una mirada, una sonrisa tuya…
… puede incorporarme a la vida,
o sumirme en la soledad
… puede iluminar mis ojos
o truncar mi sonrisa
… puede alegrar mi alma
o entristecer mi mirada

    ¡ Compréndeme ¡
Te lo pido con amor

Hyo. 12 Julio 1979

DOS MESES ...... UN SUEÑO

Hoy mi inspiración recostada en la escarcha
Quiere tejer en estas líneas
La dulce huella
Que en mi espíritu vas dejando
¡Cómo no amar, tu cálida ternura ¡
¡ Cómo no amar tu parda mirada ¡ ….. tus ojos infinitos

Este día, se mojarán mis pupilas
Al influjo de mis palabras
Y fatigaré tus oídos, con el eco de mis labios…
Al susurrar: Te amo

Desde hace 60 días,
He descansado mi pena
Sobre tus curvados labios…
En amorosa crucifixión;
Y el rumor de mis nostalgias,
Se pierde en el manantial inagotable de tu ternura;
Y tu alma se eterniza en mi alma.
Te veo, te siento, te respiro en mi ser
Eres mi envoltura de ensueño y alegría;
Pues estar sin ti… es no estar en mí

Si de mi pena soy esencia
Y de mi tristeza, reflejo…
Se complacen cada uno de mis surcos,
En regar sus raíces secas,
Con el manantial de tu alegría.

A tu recuerdo…
Brota de mi pecho, un suspiro de amor,
Y en mis sueños vives,
Cual si fueses mía…. y no lo eres.

Brotaste en mi inspirado sueño
Cual ángel, toda vestida de blanco;
Y corrías a campo traviesa,
Enfundada en vaporosas sedas;
Y yo persiguiendo enamorado,
Cada una de las huellas,
Que en el césped dejaban, tus níveos pies…
Respiraba el blando aroma
De tu casto cuerpo.

Luego, estábamos tú y yo,
En la inmensidad de la nada…
Unidos en un punto de las mil constelaciones amorosas,
Mirándonos a los ojos,
Tocándonos el corazón,
Con las palabras que no salen de nuestros labios,
Sobre las verdes hojas silvestres,
Testigos fantásticos de un sueño de amor;
Y te hablaba a los oídos, y reías
(con esa risa tuya, que es tan especial a mis oídos)

Tu imagen se incrustaba en mis pupilas ardientes
Y nos entregábamos al amor,
Bajo el cálido manto del diáfano alba
Poniendo la vida en cada beso
La paión en cada roce de nuestros cuerpos;
Entonces mi alma desnuda tembló en tus manos
Sintiendo al tiempo eternizarse en nuestros latidos
Sin doblarse al paso de las horas encendidas;
Reflejando el ardiente clima de mi amor.

Y mis ansias fueron ansias tuyas
Y mi pasión, tus pasiones
Mientras que tu voz, me envolvía
Bebí de tu ternura,
La miel de una entrega
Unidos cara a cara,
Piel a piel,
Amor con amor:
    Tu y yo

Solo es mi tristeza, un despertar diferente
Y el último sabor de tus labios,
La melodía de nostálgica torcaza
Presenciando con sus melodías
Nuestros torrentes unidos…. en un sueño

Han sido 60 alegrías ….. por una pena

Hyo. 16 de Julio de 1979

Charly

¡¡ DECIDLE ¡¡

Viento que acaricias,
La parda cascada de sus cabellos;
Arco iris, que reflejas tu belleza
en la pureza de sus ojos;
Manantial de agua fresca
que su piel recorres
¡¡ Decídle cuánto la amo ¡¡

Lluvia que su rostro
acaricias, con tu dulce rocío;
Noche, que a sus sienes inspiras;
Sol, que sus esperanzas iluminas;
Niebla, que a la luz de su amor, te evaporas;
¡¡ Decídle cuánto la amo ¡¡

Viento…
Arco iris…
Manantial…
Lluvia…
Noche…
Sol…
Niebla…
Rocío…
¡¡ Decídle cuánto la amo ¡¡

Hyo. 12 Julio 1979.

CAPULLO DIÁFANO

Quiero ser tu voz
Para modular en tus labios
Una canción para mí,

Quiero ser tu mirada
Para inundar tus pupilas
De inmensa esperanza

Quiero ser
Una lágrima tuya
Para que paladees
La sal de mis besos

Si te amé, capullo diáfano
Hoy quiero amarte
Cáliz floreciente…
Y beber de tus estigmas
El polen placentero
De tus dulces mieles

Charly

Hyo. 16 Julio 1979

63 C

CREPÚSCULO

Lizsy, hoy te recuerdo
Inmaculadamente blanca, recuerdo, los
Zafiros de tus ojos, llenos del
Sumo dulce del amor
Y recuerdo que me amas cada día mas.

Hoy, estoy hollando
En el césped de mis recuerdos,
He vuelto a los pastos del ayer
A la letras marchitas
De versos que el viento se llevó

He llegado a orillas de la nostalgia
Buscando sediento una lágrima…
Una lágrima ya llorada
para una sonrisa muy cansada.

Charly
Hyo. 8 de Agosto 1979

PALIDEZ

Recostado sobre mis pálidas letras,
Meciendo mis versos
En el frío y fuerte viento
que flagela las desnudas ramas
de enflaquecidos árboles…
…. sumerjo la mirada en mi tristeza de cuna.

Masticando con las sienes
Las últimas frases, que modularon tus labios:
"Te quiero, aunque no lo creas"

La noche azotada por el viento
Se queja con encrespados lamentos,
Pentagramando sus ayes, por entre
el oscuro sendero pegado a la dura tierra.

Las rosas oscilan valerosas
Queriendo a la helada combatir,
Pero sus pétalos palidecen de dolor
Heridas por el rocío escarchado
Que en sus bordes se recuestan

Te Quiero Dijiste

Hyo. 10 de Agosto 1979

TRISTEZA

A UN NIÑO
(Poster)

Veo en tu rostro….
Un reflejo de mi propia tristeza
Dime hermoso niño,
¿qué ha causado tu tristeza
y tus ojos nublados de dolor?
¿Es que ya has sentido en tu cuerpo tierno
el látigo cruel de la miseria?
¿O es que a tu corta existencia
ya sabes el sabor de la hiel…
desconociendo aún el de la miel?
¿Es el motivo de tus lágrimas puras,
la pesada (temprana) cruz
que en tus débiles hombros,
carga la vida?

Siento tu tristeza en el alma,
Me pesa tu mirada en la mía,
Siento tu soledad,
En las fibras trémulas de mi corazón.

9:00 p.m.

NOCTURNO N. 5

Noche perfumada
que embriaga mis sentidos,
Noche diáfana,
Moteada del brillo de perlas...

En tus cabellos la lluvia dejaba,
hilillos tenues de plata;
Nuestros corazones empapados,
Soñando con evaporados suspiros
Y prolongados besos,
Yacían ardientes y sinceros,
Renovándose en cada latido
Su amoroso desvelo.

Noche diáfana
Sólo hablan nuestras miradas,
Flotan nuestros labios,
Y se elevan a mis sentidos
El embriagante perfume
De tu níveo cuello.

Charly

Hyo. 12 de Agosto 1979

CRUZ DE AMOR

Te han de hablar
Muchas cosas de mí
Te han de contar
escabrosas historias de amor...
Pero de un amor oscuro,
Silencioso y prohibido;
Frío y cruel
Como las lenguas afiladas
De las que se sirven
Para separarnos.

Para ellos,
Las palabras son cuchillos,
Frías las lágrimas,
Y el egoísmo, su fortaleza;
No pueden hablar de otro modo
Pues en lo más bajo del abismo,
No existe otra manera de hacer daño.

He sentido sus palabras
Taladrar mis oídos,
Golpeando mi frente...
... retumbando en mi sangre;
y a su eco,
han rebalsado de mis venas mis iras,
(y estoy con la mejilla esperando
la segunda bofetada de sus viles lenguas)
luego entonces...
hablando con la lluvia dispersa
que empapa y zapatea sobre la tierra,
he de cargar sobre sus hombros
la pesada carga de sus palabras.

Pobres de ellos... pobres,
No saben que cada palabra venenosa,
Que sus labios vierten,
Se pierde en un miserable puñado de cenizas
Que sus propios corazones digerirán
(pues sus ecos, no han de llegar
a nuestros corazones)
y sus voces, oscuras, pálidas y frías
se acallan por la vibración musical,
del latido amoroso de nuestros cuerpos.

Pobres... no saben
Que contra el amor, no hay armas viles
Ni uñas largas, que rasguen su pureza,
No lo sabían... por que no aman
Como nos amamos nosotros

Hyo. 14 de Agosto 1979
10.45 a.m.

NOCTURNO N ° 6

Aquellas que han sentido
Palpitar la noche en el viento;
Aquellas que han estrujado,
Cuerpo y corazón en la helada;
Que han escanciado
La esencia de mil penas,
Con cuarteados labios;
Aquellas que han palpado
La atroz vida nocturna,
Con el rictus desfigurado
De sonrisa impotente… pero insinuante.

Son quizás…
Alfombras de hojas raídas
Castillos derribados, por el vicio artero;
Rosas marchitas… antaño turgentes,
Magdalenas sombrías,
Que día a día renuevan su arrepentimiento…
Y aún no se incorporan a la vida.

Charly

Hyo. 16 de Agosto de 1979.

MIS VERSOS

Mis versos, son de un carmín encendido,
Cual rosas sonrojadas en la sonrisa del alba,
Son pentagramas tejidos con heridas de sol,
son el bordoneo amargo que abraza la tierra;
Son mudos mensajes áureos,
agónicos atardeceres de letras cansadas.

Pero mis versos, son tales,
Sólo cuando la candidez de tu mirada,
Recorre sus líneas,
Cuando el calor de tus labios
Susurra, hurgando sus letras.

Mis versos, son de un carmín encendido,
cual desgarros sangrantes de ocaso,
son la soledad cansina de la tarde agónica;
son retazos de cielo breve…
Que brindan su indecisa aventura a mis ojos;
Son relámpagos lejanos,
Brochazos espirales de una plegaria muda;

Son espejos arrojados de mis ojos,
Cual lágrimas cansadas de gritar,
que reflejan en su seno…
un caudal claro y límpido,
De mis amaneceres y atardeceres,
De mis días y mis noches;
Del rocío pegajoso de mis ojos,
Del sentir libre de la vida.

Charly

17.Agosto 1979

NOCTURNO N° 7

Noche...
Siento tu palpitar en mi piel,
Y sobre mis helados labios,
El aleteo incesante de tu oscuridad quebrada.

Pero... aún mis manos no te tocan,
Mi verso desvaría en tu rostro,
Y mis letras no se sienten en tu cuerpo.

Quiero penetrar en ti... pero tiemblo,
Quiero embriagarme de tu aroma,
Y beber de tus labios, la dulce promesa
De un sueño nuevo ... pero, temo.

Noche:
Eres hermosa,
Cuando el fulgor de las estrellas,
Titila, rompiendo tu oscuro cofre;
Y más bella aún,
Cuando la luna acaricia
Cubriendo tu cuerpo y te hace el amor
... sanando tus heridas.

Charly

Hyo. 18. Agosto 1979

RESPUESTA A UN POEMA

Lizsy: mi ser ha estado vacío siempre
Pero a tu llegada …. se ha llenado
Pues, sin haberte conocido,
habría seguido el respiro monótomo de esta vida, y
seguiría como las rocas de los caminos: siempre solitarias
(por que la peor soledad, es la que se encuentra
estando rodeado de tanta gente)
y sin haberme tú amado…
respiraría agobiado, bajo el peso de mi soledad…
continuaría palpitado mi tristeza.

Tú: en la copa de tus labios
Me diste a beber: amor, vida
Hiciste tuyos mis anhelos y mis pesares
Eres tú, quien a trocado mi cansancio en alegría
Mis tristezas en sonrisas;
Tu amor me hizo mas fuerte que el dolor
Y ahora de tu mano, quiero vencer
La soledad y la tristeza.

Charly

Hyo. 22 de Agosto 1979

OCASO

Muere el día...
Herido por los últimos rayos de sol;
A poniente... el misterio del ocaso.
Ya sentimos en el rostro,
El beso cansado de la noche peregrina;
¡y en una hora así¡
de un sol anochecido ... nosotros dos,
en la calle de las guitarras,
tú: clavada entre mis brazos,
soñando el infinito entre dos labios preso;
Yo: sediento de ti,
Viendo en tus ojos, palpitar el placer de la vida;
Amándote, desde el viento que acaricia frio,
Desde mi innata tristeza,
(sentimiento que la nostalgia deja),
Hasta el quebrado grito,
De mis desterrados versos.
Nosotros dos,
Bebiéndonos en los labios... fuego dulce;
Y tu sombra... y mi sombra,
Apoyadas una sobre otra... poseyéndose,
En una sola.
Yo sé que me das, cuanto darme puedes,
Y todos mis versos,
No valen, la entrega muda de tu pasión,
Y yo; con la hiel de mis melancolías,
He regado el capullo apenas abierto en flor,
Nublando tu primera mirada de amor.

23 Agosto 1979

OSCURIDAD

Oscuridad,
Dame la desconocida piedad de tu regazo,
Si me sientes llorar,
No me preguntes nada,
Es la tristeza, que abate mis ojos...
Al palpar, tan pronta la partida.

Háblame suavemente,
Y que tu voz me arrulle;
Queden atrás, tristezas y soledades,
Que tu perfume nocturno me embriague
Que se despliegue mi última mirada,
El cansancio cierre mis ojos...
Y mi cabeza descanse en tu seno.

Que mi faz sonría en sueños,
Que la tierra huya de mis pies,
Que un beso me sepulte la boca.

Oscuridad:
Ciérnete sobre mí,
Cubre mi yerto cansancio,
Clávate en mis sienes...
Y que olvide yo, mi piel y mi mente.

Déjame que te hable
También con tu silencio,
Deja que sonría en tus labios tristes;
Déjame dormir...
En la descolorida manta de tu regazo.

Charly

27 Agosto 1979.

SIN TI … ¡ NADA ¡

¿Para qué, vida, alegría
cielos, paisajes,
si tu luz no me iluminara?

¿Qué mas daría …
la bella rosa, que el rocío escancia;
el capullo virgen que sus pétalos abre, trémulo al sol
una orquídea, una flor, un campo primaveral multicolor…

¿Qué mas daría …
un poema que me recuerde,
un verso que me alegre,
un canto que me inspire,
un techo que abrigue mi sombra

¿Qué mas daría… todo,
si bajo mi brazo no suspiraras,
si mis labios no besaras,
si mi vida, no alegraras…

¿Qué mas daría
si tú… conmigo no estuvieras?.

Charly

27. Agosto 1979

NOCTURNO N° 8

Deshojando el silencio de la atmósfera callada,
Pulsando el sollozo misterioso de la noche…
Contemplo los alargadas formas con las que juegan las sombras,
armoniosas formas, cortadas con las tijeras de la noche.

La noche llega en el viento helado,
en cuyo silbido se sostiene;
Y reposa sobre nuestros párpados,
Nostálgica y pesada;
El paisaje errante se estremece,
Sollozando melancólico ante el abrazo nocturno;
Los rosales angustiados, palidecen
Y trémulos, cierran sus pétalos,
negándose a ver el holocausto de la noche domando al día.

El vaporoso sueño
Desciende lentamente,
A infiltrarse en nuestros cuerpos cansados…
Cuerpos flagelados por el ocaso helado,
Cuerpos que entran en la noche,
Sin conciencia de que sus latidos,
anhelan abrazarnos.
Y yo… envuelto en el sopor,
De vaporosos versos,
Tejiendo letras de raidos poemas,
Reflejando en cada vocal que destila mi pluma,
…. mi tristeza plena.

Charly

31 Agosto 1979

TARDE DE AGOSTO

Flota en el ambiente tardecino,
Una sinfonía de poemas trasnochados;
Versos que empiezan a despertar...
A un mundo que llora la ausencia del amor.
Penas, que atan y enroscan cual hiedra fatal
Opacando el anfiteatro azul,
De las plateadas estrellas.

Una lágrima resbala en la simiente de mi tristeza...
Sonríe mi nostalgia quebrada de luz,
En la erizada cabellera del sol cansino;
La inspiración llama a mi frente,
Como las retamas a los campos;
Desde la corola amarilla del capullo reseco...
Mis ojos arañan, las voces del paisaje,
Entregándose dócil, a su corriente.

31.Agosto 1979

Charly

NOCTURNO DE LA MUERTE

Así como la flor se muere en la tarde,
Negándose a sufrir
El flagelo cruel del viento helado;
Así como el triste ave,
Que perece acurrucado en su nido,
Intentando dar calor a sus polluelos,
Heridos por el abrazo helado de la noche;
Así como la fiel gaviota,
Que en las aguas se deja adormecer,
Ahogando su cansancio
En la bravura de la corriente;

Quiero descansar ya mi vida,
Que la muerte me meza en sus arrullos,
Y que mis versos me sirvan de mortaja.
… Se aleja mi mirada,
quedan sólo sombras en torno;
el sol se despide de mis cansados ojos…
y todo cuanto piense, sordo habrá de ser;
pues mi cuerpo se deja adormecer,
perdiéndose en la niebla de un dulce sueño.
… ¡¡ Qué solos se quedan los muertos ¡¡¡

Y pensar que me querías,
Con un amor tan grande,
Que sin embargo ahora se ahoga,
Ante el abrazo frío de la muerte;
Dentro de mi… el cielo será tan breve,
Pues no volveré a escuchar tu voz… (diciéndome amor)
Y yo, me sentiré tan sólo …. tan sólo.
Pero, no quiero que tengas pena,
No quiero que en tus ojos,
Brille una lágrima… ¡ sonríe ¡
Vuelve a hacerlo por mí,
Tendrás, la melodía de mis recuerdos,
Y la tristeza sincera de mis versos…
Himnos desgarrados, sin sonido, sin voz ni distancias,

Que encierran en sus letras,
Cuántas cosas te quise yo decir.

Un amor tan grande e indefinido,
Que puse en esos versos... tan solo para ti.
... ¡¡ qué solos se quedan los muertos ¡¡ ...
y pensar que me quieres...
y aún así, tu amor no puede impedir
mi gris partida, mi marchita sonrisa.

Sólo te ha de quedar...
El eco amargo de mi voz, diciéndote Amor... adiós;
El grito sordo de mis versos,
La melodía de las canciones,
Que nuestros labios modulaban,
La tibia huella de un último beso,
Robado a la tarde azul.

Sólo... el calor persistente de mis ojos,
Brillará en los tuyos,
Y con la candidez blanda de mis besos,
Que tus labios han de recordar con nostalgia;
Seguiré susurrando mis letras a tus oidos,
En el rumor del viento herido,
Que acaricia tus cabellos,
Y Seguiré latiendo en tus recuerdos...
Como la fuente que calmará, tu sed de nostalgia.
... ¡¡ Qué solos se quedan los muertos ¡¡ ...

Y pensar que me quieres...

Charly

31. Agosto 1979.

HORAS PALIDAS

¡ Señor ¡
El viento hosco que lame mis heridas,
Ha desgastado mis fuerzas;
Y tu terrible pulgar,
Ha desgastado mi rostro...
Esculpiendo sobre mi sonrisa,
Un rictus pletórico de tristeza;
Y sobre mi mirada,
Un dejo amargo de soledad.

¡Señor ¡
Me pesan las horas que vivo en mí,
Y mi pensamiento te busca,
Para gritar, lo que mis labios callan;
Pues yo mismo,
soy tu cómplice contra mi.
Te he puesto al pie de mis ojos,
Y esperando estoy, escuchar tu pensamiento...
Levanté en un puño,
Un ramillete inspirado de letras,
Y tú, lo arrojaste contra el suelo,
Para reducirlo a... versos.

Pues mi inspiración es tan ancha,
Que estas hojas no alcanzan para abrazarla...
Mi eco es tan infinito,
Que esta pluma, no puede apresarla,
En su prisión de papel.

¡¡Señor ¡¡
si tú hiciste imposible,
el bien sobre la tierra,
¿Por qué nos das el áspero deseo de hacerlo?

Hyo. 3. Septiembre 1979

Brindo por ella
Por la que me enseñó,
Lo que vale el amor profundo y verdadero
Por la que me dio a beber
De sus labios, el sumo exquisito
De su cariño.

Por ella inspiración, brindo por ella;
Que mis penas mitiga
Y en sus besos me entrega el alma,
Por que cubre de alegría
mi soledad marchita,
Por que destilan de sus labios a mi frente
Un caudal azul de inspiración amorosa.

Por la niña, que mas que niña (19 años)
Es mujer a mis ojos soñadores;
Por aquella que vertió cariño,
En los labios sedientos de mi copa triste.

Por ella

Hyo. 4 de Septiembre 1979

NOCTURNO TRISTE

Esta noche estoy triste;
Inspiración… no hurgues mi alma cansina;
Por que sólo encontrarás: Un nuevo sollozo,
Una cansada lágrima que resbala,
Despeñándose al encuentro de mi pena;
Y en mis letras: Un pentagrama rociado de tristeza.

Perdóname tú que me lees,
Pero siento que debo, a mi ser, estos versos
Aquí los escribo…
En una noche lívida de setiembre.

¡ Qué triste está el cielo ¡
El viento húmedo, preñado de rocío
Va cerrando espesa y crudamente mi cansada mirada,
Hundiéndome en largos torbellinos de memoria ausente;
No siento la materia…
Me elevo sobre mí mismo, floto…
Dando cuerpo a mi pensamiento deshilachado (luz, a mi voz rota)
Labios y libertad a mi silencio.

Furiosamente me alzan,
Otros anónimos gritos silenciosos y ahogados;
Cual fantasmas vaporosos, que crecen dentro de mí
¡ magia nocturna ¡ ….
¡ eternidad callada de supremas tormentas ¡

Ya no tengo espacio
La fuerza y materia huyen de mi cuerpo,
Estoy… y no me encuentro.
Amanezco soñando con jardines tallados en lienzo,
Tirando espejos al olvido
Pero siempre, recordando tu voz
Tan tuya como, dos veces mía
Por dondequiera que vaya, tus huellas me salen al paso…

¡ Que triste está el cielo ¡

La fría noche lluviosa Infiltra su tristeza en mi verso,
No siento la materia,
Hasta la insensible ventana llora
Ante tu flagelo cruel, opacando mis ojos.

Los cansados caminos, yacen
Cual fantasmas vaporosos… abatidos.
Esta noche… estoy triste,
Inspiración… no hurgues mi alma cansina;
Si lo haces… sólo encontrarás,
El mismo sollozo, llorado ya mil veces,
Una penúltima y cansada lágrima que resbala sigilosa;
Y en mis letras:
Un pentagrama rociado de tristeza.
Perdóname tú que me lees,
Pero siento, que me debo estos versos
Aquí los escribo… me salen a borbotones,
En una noche lívida de invierno.

Hyo. 6 de Septiembre 1979

AUN CON LOS OJOS CERRADOS, TE VEO

Déjame que hable con tu silencio
Que te mire, con los ojos dormidos,
Que te bese, en cada letra de estos versos.

Déjame que recuerde
En cada uno de tus pasos, los caminos que andamos;
A ti… escondida en las calles de ayer,
Acompañada en coro…
Por el sonido de tu andar, ligero y seguro,
Grácil y alegre.

Hoy, ya ves… siento nostalgia,
De tu mirada, de tu sonrisa… de ti.
Ya ves… puedo verte y dibujarte
Hasta con los ojos cerrados,
Mis dedos conocen tu figura,
Mis labios han recorrido tu níveo rostro,
Mi ser entero te ama.

Soy aquel que soy,
Y no lo sería… si tú, no estuvieras en mí.

Hyo. 7 de Septiembre 1979

......Y TE PERDIERON

A: Pedro, un amigo, un hermano

Tú quisiste amar... y te perdieron
Quisiste creer.... y te destrozaron la fé

Que no se empañen tus ojos por una mariposa errante...
Ilusión engañosa y pasajera;
Que no se evapore tu horizonte por el cáliz rebosante,
del néctar dulce del placer, que la desilusión entrega a tus labios;

Ama, la suavidad mágica del amor puro,
Descansa tu mirada en el espacio de lo fraterno,
Y pese a la vida que hiere...
Ama la brevedad de cada dia;
Busca la felicidad en serenas pupilas, que desconocen...
El goce infinito de la noche eterna;
Remoja tus ojos en lluvia fresca,
Vuelve tus doloridos pasos sobre tu tierra que te abraza tierna;

Eleva la mirada, acude a las sombras del olvido,
Que la noche es negra... y el camino es largo...
Siente el calor y el impulso de estas letras,
La vida te ha llevado demasiado lejos, para mi pobre mirada.

¡Tanta esperanza, convertida en humo ¡
En vano corres tras los placeres,
Asi, seguirás llevando decepciones tras la espalda;
Hoy sientes que la profunda tristeza de tu suerte
Ha rodado como el clavel desprendido de la mata,
Sobre la hierba agria de tu soberbia.

¿Por qué quieres que obren bien si las incitas al mal?

Hyo. 9 de Setiembre 1979

16 DE SEPTIEMBRE

La tarde se extingue
En la inmensa dulzura del crepúsculo…
Tiemblan aún, las agónicas palpitaciones de la luz,
Su místico calor muere en la calma infinita de su soledad.

16 de Septiembre…
cielo pálido, teñido por pinceladas de fresca lluvia;
estoy aquí, sólo con tu presencia en mis venas…
como el aliento enervado de una caricia misteriosa,
guardando para ti, en mis pupilas,
todo el fulgor postrero de la tarde.

16 de septiembre…
se refleja en mis ojos
el rostro encantador de una niña,
la cascada parda de sus cabellos,
el ligero carmín de sus labios
y en el castaño nido de su mirada…
el esplendor de una acuarela: inmenso horizonte.

16 de septiembre…
silencio de guitarras
queja de un poste solitario que se hunde en la tierra,
como inútil tallo sin raíz;
Angustia de calles cansadas
que esperan nostálgicas… nuevamente nuestros pasos.

16 de septiembre…
entre la sutil bruma de la tarde,
tarde de cristal, empañada de rocío…
una guitarra que ríe, que suspira y llora,
se eleva como un torrente claro y sereno,
sobre las alas transparentes de mi pasión;
buscando con ardiente delirio, el recuerdo de un beso…
        mas allá del olvido.

Allá lejos, sobre el pétalo tembloroso de una flor,

El horizonte… bañado en el tinte delicado
del ocaso primaveral,
Y al pie del horizonte…
La música callada, de tu recuerdo y el mío…

Si acaso te miro,
Con los ojos te dibujo un beso,
Si acaso te recuerdo…
Que extraña sensación se apodera de mí ¡¡

16 de Septiembre…
se despliega mi verso retumbando sobre la puna helada,
salpicando las dormidas soledades de estas letras,
palmoteando en las copas de rocío que la lluvia dispersa en la tarde.

Mi verso tiene alma, mi verso vive,
Donde palpitan mis esperanzas;
Mis estrofas se envuelven en una nube de nostalgias…
Como la estela boreal de una tarde invernal.

Pero también poseen la pasión intensa que tú les inspiras;
El amor puro y sincero, cuando el resplandor de tus ojos
Los descubre escondidos en su lecho de papel,
Revueltos en efluvios magnéticos…
De pensamientos sin inicio ni fin.

16. Septiembre de 1979

EN LA ORILLA DE TU SENDERO

Estoy en la orilla de tu sendero...
Esperando a mis manos para que te acaricien.
Que mis besos te embriaguen,
Que mis suspiros te quemen
Que mi ser, te llene de amor.

Está despierta y erizada
La flor de mi pasión...
Deja que mis estigmas derramen sobre tu cáliz
El polen placentero del amor;
Déjate adormecer sobre mis brazos,
Y que mis manos, recorran los caminos que mis ojos recorren.

Estoy ebrio...
Ebrio de amor, respirando
los efluvios efervescentes de tu amado triángulo;
Y se cansan mis ansias ocultas,
En el deseo sordo de posesión...
Que tu vientre le niega.

Te amo
¿comprendes?... Te Amo

Hyo. 16 de Septiembre 1979

00:15 a.m.

INMENSIDAD

Lizsy, No comprendes aún, la
Inmensidad de mi amor; me
Zumba el deseo en el corazón, y
Sabes bien que tú eres la fuente
Y la raíz de este amor que desespera.

Vivir así, es morir de amor.

Invade mi amor esta dulce página
Lejana aún de tu sentir, y
Callan mis labios el grito
Al cual tus oídos niegan sonido.

Siento que tu media entrega
Me congela y desbarata;
y tu mirada, rodando sobre mis ojos,
muerde mis labios mustios,
Musitando un velado y triste poema.

Quiero, en el antiguo eco de un abrazo de fuego,
Robarle a tu recuerdo un beso de amor…
Amor: cuatro inmensas letras,
Una ofrenda de luz¡¡¡

Hyo. 16 de Septiembre de 1979

NOCTURNO HELADO

Arrastrando mi trémulo ser,
Por entre rieles y pedregales,
Hundiendo la mirada, detrás de mis ojos;
Mordiendo la temblorosa helada,
Que bosteza en mis venas
He caminado, buscando mi sombra,
Entre los retazos huérfanos de luz;
Clamando al polvo de las resecas campiñas,
Un preludio funeral… un abrazo mortal eterno.

Esta noche…
Quisiera, no ser lo que soy,
Quisiera cabalgar
En una nube azul suspendida entre sombras;
Y abatirme, bajo el oscuro manto del invierno.

Pues… ¡tanto he andado¡
Calle tras calle,
Polvareda tras polvareda,
Persiguiendo a una fugaz alegría;
Mientras en mi mirada,
Trémulas, sollozaban
Ásperamente, las luces de la noche.

Estoy palpitando, la inefable tristeza,
De este helado viento,
Que traquetea y llora en mi ventanal;
Estoy respirando,
En la materia gris de la noche;
Tratando de escuchar…
El rumor callado de mi voz,
Queja resignada… de un dolor sin remedio.

20. Septiembre 1979

SOLEDAD

Como la canción de la piedra
Arrojada en el polvo de infinitas células blancas,
Como el gemido sordo de mil caminos
Que lloran la cansada huella de nuestros pasos;
Así,
solos y tristes,
Con esa soledad mustía que da
La infinita nostalgia de ser tierra y no cielo;
Así también,
estos versos...
Exhalan hoy su última queja inerte,
Queja lánguida y monótona de su incurable,
e impiadosa soledad.

                                                            21 Septiembre 1979

PERDON ....
                                                                                  Padre...

Por que Yo no merezco una sola de tus lágrimas.
Nunca he merecido una lágrima tuya
Ni cuando he nacido en tu corazón,
Ni al momento de mi primer llanto y de mis primeros balbuceos;

Tampoco de alguna traviesa sonrisa
Correteando sobre mis alas y esperanzas,
en el patio gris de mi infancia...
Ni cuando con el correr de los años, crecí bajo tu mirada.

Tal vez.... en tus soledades has llorado,
Por un problema... una pérdida, una decepción;
Pero no por mí..... Por mí No ¡¡¡
¿Acaso derramaste una lágrima,
cuando pude ingresar a la gran universidad de nuestro pueblo?

Tal vez no fui lo suficientemente malo,
Para obligar a tus ojos
A llorar por el pesar de ser hijo tuyo;
Quizá, tampoco fui muy bueno,
Ni un triunfador,
Para que en tu mirada,
Brillara una lágrima de satisfacción;
¿Ya ves?.... luego quizás tengan tus ojos
una lágrima, para llorar mi ausencia,
quizá tu mirada se vele,
cuando observes mi cuerpo yerto...
Me dicen que una lágrima asomó a tus ojos
Pero no por mí, sino por la Mala suerte
de haber desobedecido una orden tuya,
Un decreto, una ley, una sentencia...
Castigado con la ley de hielo¡¡¡
Al paredón de la indiferencia¡¡¡
Perdón

                                          Hyo. 22 De Septiembre 1979

MUSICA TRISTE

Cuando acaso notes
Que de un modo extraño, suenan mis versos...
Ha de ser, por los hondos recuerdos
De la sombra fatigada de mi ternura;
Que plenas de cariñoso afán,
Acarician mis nostalgias en días fugaces.

Por nuestros besos
Dormidos en la sombra;
Por las fragantes y púrpuras rosas
Que la primavera dejó olvidadas
en nuestro baúl de melancolías.

Podría ser...una sublime pena...
¡Tiene que ser!... por la cansada luz
Que cierra mis pupilas,
por la tristeza de ser lumbre,
Y no poder encender mi helada lámpara.

Y Cuando tal vez, respires en el aire embriagante
De mis letras, el humo de profundos pesares;
Y en mi rostro halles,
Como un relámpago triste: Una sonrisa...
¡¡Ámame¡¡...
Ámame, como jamás has de volver a amar,
Entrégate a mí, amor... Amor que me das la vida;
Y así, volarán en vaporoso tropel
Hacia ti, mis ansias y mis ilusiones.

Hyo. 5 Octubre de 1979

POEMA DEL ROMANCE TRISTE

Puedo tocar con mis labios los tuyos,
Puedo estrujar tus manos en las mías…
Puedo mirar tus ojos, con los míos cerrados,
Puedo acariciar el trigo de tus cabellos…
Y no puedo decirme que eres mía.

Puedo estar en ti, y es como si no estuviera;
Es triste: Ser hoguera,
Y no poder envolverte en el calor de mi entrega,
Ser música triste y apasionada,
Y no poder vibrar en tus oidos (sordos a mi susurro)
Ser sendero, y no poder conducir tus huellas,
Al dorado lecho de mis ilusiones;
Ser río que corre,
Ser cauce fresco… y no poder saciar mi propia sed.

Ya ves, tú no sospechas esta secreta pena,
Por que, puedo sentirte en mí;
Inmensa, creciendo cada día en mis ojos
Puedo sentirte en el sabor de mi boca,
En la música de tu nombre, cuando invade mis oídos,
Puedo sentirte en mí,
Así como me siento en ti…
Y sin embargo… ¡¡ No eres mía ¡¡

6. Octubre de 1979.

PIENSO ....

Yo te amé,
Como sólo se ama una vez
Y te amé…
En las buenas y en las malas;
Ahora pienso…
¡ Qué triste se está acá ¡
pienso, si es cierto que me amas,
si en verdad hago falta a alguien
¡ Qué triste se está acá….. en este lecho de enfermo ¡
Sin siquiera la visita del aire,
ni la tierna mirada del sol;
que tristes las tardes ausentes de tu perfume,
las noches sordas de tu risa azul,
Que triste se está acá¡¡¡

Hyo. 11 de Octubre 1979

QUE TE HABLEN DE MÍ ..... MIS VERSOS

Mañana, cuando nuestros ojos
Ya no se encuentren;
Cuando nuestros labios
Ya no vibren en un beso;

Que te hablen de mí...... mis poemas
Por que cada verso,
Que pensando en ti, escribí,
Es un recuerdo tierno,
De ese amor tan grande
Que inspiraste en mí.

Y cuando en tus cabellos de trigo,
Sientas la ausencia de mis manos;
Cuando en la miel de tu mirada,
Ya no se reflejen mis ojos…
Que te hablen de mí…. mis versos.
Estos versos llenos de voz y canto;
Llenos de tu ausencia.

Hyo. 12 de Octubre 1979

OCTUBRE

¿Cómo se podría hilar en frases
Lo que quiere expresar un endulzado corazón?
El polvo de la noche callada
Teje madejas alrededor de las titilantes estrellas;

Quisiera que en alas de mi voz
Jugueteen los ecos de este océano de palabras
Y abrir de par en par
Nuestras alegrías desmenuzadas.

¡Oh Dios mío ¡ ¡ Cómo no amarla
Si es dulce como un tallo en primavera
Cómo no extraviarse en la inmensa ternura
de sus grandes ojos,
Cómo evitar que tu figura de sinfonía áurea
se enrede en mis pestañas y se hunda en mis pupilas….
¡¿Cómo? ¡Si es tanto mi sentir
        y tanto, tanto mi amor!
¿Cuándo ha de amanecer para el beso
de nuestro cielo azul?
¿Cuándo se despejará esta niebla triste
que duerme sueños de almohada solitaria?

LUZ AMELIA

>   Lucy:
>   Tu presencia…
>   Nos lo devuelven, las flores;
>   Y tu recuerdo… estos versos
>   Charly

15 de octubre…
El día se extingue
En la inefable tristeza del crepúsculo;
Interrumpiendo el silencio… una salmodia triste:
La queja sin tamaño de una pena sin nombre,
Arrastrando tras de sí,
La lágrima muda que llora en estos versos.

¿Qué voz asomará a nuestros labios,
que no grite, el dolor inmenso de no tenerte aquí?
¿Es que en verdad has muerto…?

Quedaste inmóvil…
Con los párpados cerrados,
Aprisionada la mirada en el infinito negro;
Ya en tus grandes y hermosos ojos,
se apagó el doloroso sufrir;
De tus venas, huyeron los latidos de vida,
Y tu espíritu voló al paraíso azul de octubre.

La luz del cielo pálido,
Resbalaba de tus manos blancas…
Entrecruzadas sobre tu pecho callado;
Y reverberaba en tus negros cabellos
Formando un nimbo de luz,
En torno a tu rostro.

¿Has muerto?…
Apenas si tu mundo, amanecía a la vida;
¡¡ Qué injusto eres, destino ¡¡
has arrancado de raíz
a una flor fresca y lozana,

que pudo haberte brindado
sus mas hermosos colores;
y sin embargo, mantienes en tu seno
tánta escoria humana… ¡ Bagaje inservible ¡

Hermana…. Amiga, yo te recuerdo,
En cada rocío de lluvia;
Te recuerdo en cada alba cristalina
Tras tu gesto franco al sonreír;
¿Quién gozará de tu alegría y de tu ternura…. allá?

Yo te recuerdo…
En el cristal trémulo, del rocío que adorna la rosa;
En el sol pálido que besó mil veces tu rostro…
En la música alegre que daba vida a tus alados pies,
En los libros y cuadernos que tus manos adornaban.

Te recuerdo… en estos versos que hoy escribo,
A la sombra de mis pensamientos endurecidos por esta pena.
Te recuerdo…SIEMPRE¡¡¡

Charly

Hyo. 18 de Octubre 1979

ASI.... NO TE QUERRAN

Que fría y cruel es la verdad
Cuando hiere a mis oídos,
Esclareciendo la oscuridad
Que cegaba mis tercos ojos;
Fría, por que golpea mi pálido ser,
Con la desilusión de tu cariño...
Cruel, por el engaño prolongado
En el que he estado sumido.

Hay besos que se dan,
Y luego se olvidan...
Son esos besos, que el viento se lleva detrás de una lágrima;
Pero también, hay besos que no se olvidan...
Besos que se recuerdan,
Con un temblor estremecido, de oleadas calurosas...
Besos, que has de sentirlos (sólo en tus recuerdos)
Cuando ya nuestras bocas no se encuentren jamás.

Quizás mañana recuerdes, cuando sola te encuentres...
Un primer beso en la oscuridad de una discoteca,
Un salón de clases... una calle, un poste... una guitarra...
Un beso robado a una mañana florida, apoyada en un tronco seco;

Quizás mañana, sientas mi presencia...
En el bordoneo triste de tu guitarra,
Y recuerdes una canción dedicada en un 16 de octubre,
A unos ojos grandes que tanto amor te brindaron;
Tal vez, de tu boca se pierda mi nombre
Y de tu mirada parda, se ausenten mis recuerdos.

Tal vez mañana, otros brazos te den su calor,
Y otros labios recorran los surcos sedientos de los tuyos;
Quizás te sientas estremecer con otra mirada,
Y te entregues en cuerpo y alma a un nuevo amor...
o.... a tus oídos, nuevamente susurren versos, labios desconocidos;
quizás... te quieran mucho,
pero...¿sabes?

Como yo,
con ternura y pasión
con furia y delicadeza…. ¡ desengáñate ¡
Así… no te querrán.

Cuando extrañes mis besos en tus labios,
Cuando notes la ausencia de mis caricias en tu piel,
Cuando sean ya otros labios los que te besen…
No pronuncies mi nombre,
Por que ya será tarde para los dos.

……. y me perdiste

Hyo. 19.10.79 – 20.10.79
1:45 a.m.

CANCION AL AYER

Eras, igual que aquellos días serenos
Que juntos mirábamos pasar;
Igual que aquellas flores,
Frescas y perfumadas,
Eras, como el viento…. alegre y tintineante,
Como el aire, cuando ríe por entre la lluvia

Hoy,…. nada existe ya,
El breve milagro de tu huella,
Fue solo un espejismo sobre mi sendero;
Y ya se ha cerrado el crepúsculo de mi mirada,
Tras una lágrima que ardiente aflora en mis ojos.

¿Me recuerdas?
Yo soy aquel que siendo brisa triste,
Jugueteó a tu lado con alegría infantil,
Aquél que caminó contigo tus primeros pasos de amor.

Hoy, que tronchaste mi voz ahogada
Quiero que escuches mi postrera despedida,
En estos últimos versos que hoy, ven la luz de mis ojos.

Como nadie, hoy me siento solo y triste,
¿Dónde está mi naciente fe?…
en vano escruto el árido sendero…
Ella no ha de volver, aunque la espero
Nuevamente hiere a mi garganta,
La pálida hiel de mi copa de dolor.

Yo tuve un amor….
Un amor tan grande, como lo es ahora mi dolor,
Pero…. ¡ya no tengo nada¡
Es triste, saberse sólo,
Pero mas triste debe ser (y recuerda esto)
… ser lluvia fresca en verano…..
y no poder saciar la propia sed.

CANCION DEL AYER

¡Espera!! Me dice la noche suplicante,
Todavía el desengaño está distante,
aún te quedan recuerdos y congojas;
aún puedes amar con mucho fuego…
…. y es verdad:
Perdóname, pero podré amar, quizás…
a otras, como te amé a ti
en cambio…
no te podrán amar a tí, como te amé yo.

¿Ves la solitaria calle,
que acompañó nuestras horas de romance,
cuando en mis brazos te estrechaba amoroso?
¿Ves aquel poste mudo,
o aquel tronco seco,
en los cuales nos apoyábamos
para robarle un beso a la tarde?

Nada ha variado allí,
El mismo cielo, que cubría nuestras miradas
El mismo viento frágil,
Que escuchaba gozoso, nuestros besos sonoros;
Los mismos poemas,
Que flotaban en el sollozo de una tarde marchita…
Nada ha variado allí…
Sólo has cambiado Tú,
Tú, que abriste con la flor de tu cariño,
mi corazón al amor…. sólo tú.

¡ Qué importa ahora, si no comprendes
que te amo como jamás te han de amar¡
¡ Ya que importa, si hoy te lo digo en esta canción,
en esta despedida que te doy con el alma y con la vida¡
…¡ ¡ Qué importa¡¡

Hyo. 22 Octubre 1979

RECUERDOS

Tú eras la única verdad de mi vida
El resto parecía hundido en la bruma pálida
En el que me hundo, hoy, yo también;

Tú eras, la flor tierna y dulce
Que con sus colores,
Brindaste alegría a mi corazón triste;

Tú eras, como la fuente alba
Que nacía en mis ojos,
Y que hoy muere en tu mirada

¡Cuánto te he amado ¡ … y te amo aún ¡

Húmedas tus pupilas,
Suelto el cabello,
Recuerdo tu silueta al alejarse,
Tus labios mudos
No tuvieron para mí, la caricia de un saludo;
Tus ojos pardos
Se alejaron de los míos, altivos
¿Es así como me odias?

Que triste está la noche,
Está lloviendo el pálido cielo…. por mis ojos
Estoy solo….. Sólo.

Hyo. 22 de Octubre 1979

11.45 p.m.

RECUERDOS II

La música de tu voz,
Parece que brotara...
Del dolorido corazón, que dentro mío... recuerda.

Que desoladas están hoy las calles
Y que tristes y mustias las notas de esa canción:
... "yo soy rebelde por que el mundo me ha hecho así"
en mis oídos vaga el recuerdo nostálgico de tu voz,
en los atardeceres lluviosos y solitarios
pienso de cara al cielo, si me recordarás aún

El aire es frío, la luz pálida;
El viento ágil levanta la mirada
Y suspira en el polvo de los resecos caminos;
Las gentes, cansadamente se mueven,
Al influjo de la tarde pesada y pálida...
.... estoy triste,
con la tristeza de la lluvia que no llega,
con la melancólica meditación del crepúsculo que muere;

Tal vez lean en mis versos,
La claridad nostálgica,
Que embarga mi ser, de recuerdos...
... es la soledad que se yergue ante mí,
con majestuoso silencio.
A ella musitan mis labios,
las palabras indecibles,
de mi secreta confidencia.

Recuerdos, tan solo recuerdos quedan ya,
Será por eso que el mundo....
Es un triste poema de amor y desengaño,
Penas que no se irán,
Recuerdos que hieren...
Pero al final... ¡ sólo recuerdos¡

Hyo. 23 de Octubre 1979

NOSTALGIA

Cuando los años tocan las puertas del hastío,
Y se acumulan tristemente
Uno tras otro, los almanaques…
Es cuando suena la transparencia de la Nostalgia.

No, jamás renegaré de las mujeres que he amado,
Ni del vino que he bebido,
Ni de una sola pena que mereciese mis lágrimas;
Acaso, eso sí,
Reconozco, que no dejé huellas en
Todos los caminos que hubiera deseado…
Que quedaron muchos versos, sin escribir;
Vasos a medio beber,
Y labios que quise besar… pero que nunca fueron míos.

No, jamás renegaré
Del agua que ha corrido por entre mis manos,
Ni de la brisa que ha acariciado mis cabellos,
Ni de una sola letra, que sin quedar en el papel…
Fue pasto del viento y el olvido.

Quizás… tal vez…
Reconozcas también, que muchos arroyos
No calmaron mi sed;
Y que vientos helados, mordieron mi piel;
Pero el tiempo, y el valor de su paso…
Hicieron de esos momentos… leves y fugaces.

El Amor…
Muchas veces sentí su calor en mi pecho,
Y traté de atraparlo;
Pero la frescura de la noche
Me lo arrebató en seguida

                                    24 Octubre 1979

¿QUIEN ....?

¿Quién me robó tu amor
de entre las manos?

¿Quién se llevó tu sonrisa,
de mis labios marchitos?

¿Quién se abrigará el alma,
con el calor de tus ojos?

¿Quién se mecerá,
en el recuerdo de un beso tuyo?

¿Quién borrará el recuerdo
de tu huella en mis labios?

¿Quién navegará en tus cristalinas aguas,
como yo navegué en tus besos?

¿Quién como yo te quise,
te intentará querer? ….. ¡¡¡ Ilusa ¡¡¡

¡ No vas a encontrarlo ¡

        ¿Quién?

Hyo. 24 de Octubre 1979

CHIQUILINA

A pesar de la distancia
Tu rostro se perfila en mis pupilas,
Y tus ojos de miel
Se hunden en mis ojos.

Como una sombra de luz,
El alba se desprende de tus labios,
Y las flores sonriendo tras la lluvia
Pintan la faz de tu alegría.

Déjame que bese tu voz,
Con la yema de mis dedos;
Déjame que te vea
En los ojos de la ausencia.

Confía en mi voz
Mientras no se apague,
Comprende el silencio…
De mis párpados cerrados

Hyo. 1° de Noviembre 1979

TE AMO ASI

Quizás esta noche sea hermosa y
Tu presencia ilumine mi sentimiento,
Pero todo se pierde en la niebla de la tristeza,
Mientras mi dolor sea mas grande que tu amor.

Te amo así,
Porque no sé amarte de otra manera;
Si yo pudiera cambiar las cosas,
Quisiera sufrir lo que tú, hoy sufres
Quisiera llorar tus penas
Y reir tus alegrías.

Hyo. 14 de Noviembre 1979

SUSURRO

Estrecharé tu sombra,
Hasta quebrar mi cuerpo;
Enlutaré mi pena,
Hasta romper en llanto;
Agotaré el cáliz de mi amargura,
Hasta nublar mis pupilas claras.
Buscaré en el gólgota de mi sendero
Y en el silencio bañado de tinieblas...
Tu sonrisa entre todas las bocas,
Tu mirada, entre todos los ojos,
Tu recuerdo... para calmar mi sed,
Mi fé, para descansar a tu orilla.

                                                      15 Noviembre 1979

POEMA I

Estoy con el lapicero en la mano,
Y no se que escribir,
Es que mi sentir es tan grande y tan triste
Que estas líneas no podrían atrapar
El vuelo de mis anhelos

C. Universitaria 15 de Nov. 1979

NOCTURNO N° 9

Están mis noches tan tristes y solas,
Que el eco de su silencio, gris…
Se mece en mis oídos con música sorda,
Y suspira en mis venas,
Con el suspirar de la inspiración despierta.

Están mis noches, tan claras y silenciosas
Que las alas de mi melancolía,
Se abren en versos nostálgicos
Que las sombras devoran.

Una lágrima pálida,
besa la flor silenciosa vestida de calma.

Están mis noches
Tan mudas y heridas,
Que cuando mi frente descanso,
En el regazo de mis sueños,
Recorro por mil caminos, trémulo
Y al final del sendero….
Sólo oscuridad, vuelvo a hallar

Hyo. 16 de Nov. 1979

00:45

CANSANCIO

Hoy tengo helada la sonrisa,
Y mis labios se cierran al grito solitario,
Que muere en mi garganta,

Hoy se nublan mis ojos,
Detrás de la mirada gris de la tarde;
Hoy ha llegado el cansancio,
A apuñalar mis ojos de mirada añil.

(Mientras… un roble conmovido y lloroso
Estira sus largos brazos buscando el cielo)

Hyo. 25 de Nov. 1979

POR ELLA

Brindo por ella,
Por la que me enseñó
Lo que vale el amor profundo y verdadero;
Por la que me dio a beber de sus labios,
El sumo exquisito de su cariño.

Por ella, inspiración, brindo por ella,
Que mis penas mitiga,
Y en sus besos me entrega el alma,
Por que cubre de alegría,
A mi soledad marchita;
Y por que destilan sus labios en mi frente
Un caudal claro de inspiración amorosa.

Por la niña, que mas que niña
Es mujer a mis ojos soñadores;
Por ella, que vertió ternura,
En los labios sedientos de mi tristeza;
Calor, en mis carnes azotadas de escarcha...

POR ELLA

16 Diciembre 1979

SOLEA DEL AMOR

Que dulces pasan junto a ti, las horas;
Te amo... tú lo sabes,
Te amo, como ama el ave solitaria,
El aire que acaricia sus alas;
Te amo...
Y amo el beso cristalino de tus labios
La clara mirada que parte de tus ojos,
El eco de tus últimas pisadas

TU Y YO

Una flor... un pétalo entre dos poemas...
Un cigarrillo a medio fumar,
Una mirada de cielo trigo...
Un roce de manos... un beso
          Tú y Yo

Quiero escribir tu nombre en mis ojos,
Tocar con mis latidos,
una sinfonía amorosa que nuble tu mirada,
Y rompa el arco iris de mi inspiración.
Quiero modular a tus oidos dos palabras este día...
              Te quiero
Por que tú eres mi propio eco,
Una voz aparte que ríe conmigo mis alegrías;

Por que tú eres mi espejo interior,
Una imagen interna que llora mis tristezas,
         Por todo esto.. Te amo

                              16 Diciembre 1979

TE ESTOY AMANDO ... ASI

Lizsy:
Te estoy amando,
Con un amor…
Que es vida de mi vida.
Te estoy llamando…
Y en el eco de mi voz,
Brota el suave canto de la noche,
Modulando en cada estrofa,
El matiz florido de un poema a tu mirada.

Te estoy llamando,
Y mi voz se quiebra…
En el nostálgico canto que fluye a mis labios,
Te estoy amando,
En el recuerdo tierno cubierto de escarcha,
En la aurora transparente,
De tu mirada en mi mirada,
En el beso del sol, sobre tu frente,
En el sabor de tus labios en mi boca,
Te estoy amando… así.

                                        21 Diciembre 1979

CUENTAME, AMOR MIO ...

Cuéntame amor mío,
De tu serena felicidad,
De la dulce paz que habita tu cuerpo tibio.
Cuéntame, chiquilina mía,
De tus sueños calmos, repletos de ternura;
Cuéntame, mientras yo beso tu frente.

Aunque no me lo digas,
Yo sé que comprendes las breves tristezas,
Que opacan mis ojos,
Y me destiñen el rostro.
Sin embargo,
Una caricia tuya alcanza para aliviar mi pena,
Alcanza, para ahuyentar esos fantasmas,
De nostalgia sumergida, que bullen en mi pecho.

Cuéntame mi Lizsy, que tu voz me hace bien
Y tu paz me vuelve un poco mas bueno cada día,
Sonríe mi amor, que tus ojos felices…
Me convierten en piedra dulce.
Es que… ¿sabes?
El niño que fui, continúa jugueteando en mi corazón
Y por eso sonrío… y soy feliz.

Hoy estamos en nochebuena…
Gente de corazón blanco en la mirada,
Y de risa de pan cálido y aromático,
Historia de campanas y palomas…
Historia de amor.

Quiero gritar esta noche, que te amo…
        Te amo.
Feliz Nochebuena, mi chiquilina… mi Lizsy:

24.12.79

A MIS HERMANOS

De niño yo jugaba
En el jardín de los gorriones,
Sobre la sombra de paltos y pacaes;
Despeinando la verde cabellera
Del prado alegre y cantarín.

Eran de geranios las tardes locas,
Y de jazmín traslúcido, nuestros juegos;
Y nuestros prados, que cantar solían
A la serena quietud de la tarde…
Dormitaban bajo el soplo denso
Y perfumado de la tarde añil.

De niño, corría tras el viento
Que besaba mis mejillas,
Y tras mis huellas: los gritos con ecos sin fatiga
De mi alegría infantil.

De niño, yo cantaba al ocaso,
Con mi voz clara y serena, frente al sol;
Y como un tropel de ensueños mágicos,
Surgía el arrullo de mis hermanos…
    Seis miradas al viento
    Seis sonrisas:

Omer, roble perenne, que calienta en la sombra;
    Eco que se rompe en ternura,
    Bambú de fortaleza y amor;
María, brisa ondulante, que con tibia fragancia refresca;
    Arroyo cristalino de alegrías sin fin…
    Oasis maternal,
    Sonrisa eterna y cálida.
Ruth, ave blanca y callada, que ama y protege;
    Frescura tibia de amorosa protección,
    Aurora de sí misma…
    Madre coraje que nunca se cae,
Ronald, viento sonriente;

    Pincel de arte y sonido,
    Límpida sensación otoñal...
Rocío, alba alegre, amanecer de azucena;
    Copa de ternura que dulce miel escancia,
    Inacabable ración de amorosa generosidad.
    Brillante luz que crece día a día... inspiración
Y.. yo, Lucio Arlecio:
    Canto sencillo de música triste;
    Vid nostálgica con racimos de amor
    Manantial claro y transparente de ternura
    Página blanca de danzantes letras;
    Pasión desbordante, entrega total.

27. Diciembre 1979

RETORNO

Volverán las tardes invernales
Las sedientas tierras a garuar,
Y otra vez nuestros cuerpos,
A la lluvia fresca... el rostro tornarán.

Volverán a brillar en tus pupilas
Hoy como ayer, como hoy mañana
La alegría de amar y sentirse amada,
Y otra vez, al rosal de tus labios...
Acudirán las palabras tiernas,
Como mariposas en flor.

Y, aquellas, hoy ya marchitas flores...
Que trémulas mis manos te ofrecían,
Aquellas henchidas de rocío y aurora...
Cuyos pétalos, entre poemas solías poner,
Aquellas... sólo para ti, volverán a brillar.

Volverán a la aurora mojada,
Los capullos sus corolas a abrir,
Y otra vez, esperanzados sus tallos reirán
Con risas de amor y arco iris.

29 Diciembre 1979

Homenaje a "Rimas" de G.A. Bécquer

AÑOS DE LUZ

Hace ochenta años, que tu primer llanto encendió
La antorcha de luz vivificante, de un amanecer etéreo,
Y los cielos danzaron con música de quenas y antaras;
Desde la mirada del cóndor majestuoso,
Que extiende, negras las alas
Sobre las llanuras fértiles, coronados de blancos volcanes...

Desde la pupila oscura de llamas y vicuñas,
Que pastan junto al río que se desgrana;
Desde la hirviente vegetación de nuestra selva,
Que ríe en la gozosa carcajada del Apurimac...
Desde la brisa embriagada de mar, que acaricia al áureo pelícano,
Hasta nuestros caballitos de mar, que se mecen y juegan en las crestas de las olas.

¡¡ Fue un Octubre Veinte ¡!
Cuando una madrugada llegaste a la lucha,
Y desde entonces, ha temblado el tiempo, viéndote respirar
Sobre la lágrima transparente de nuestra Huanta querida...
Que con la boca apretada de rocío y pétalos,
Te dió la bienvenida en la torcaza que arrulla al alba,
En el temblor de tu pueblo que despertaba,
Al influjo de tus letras y tu pentagrama musical.

El tiempo,
Ha visto llorar tus páginas en silencio,
Ha visto al hombre extraer la angustia del fondo de sus ojos,
Ha visto al campesino, surcar el arado, sembrando esperanzas
Ha oído el grito de mil gargantas…
Grito que se hizo luz en tus sienes plateadas,
Quebrando con dedos suaves, las palabras apretujadas…
Encerrando sus latidos, en el éxtasis de la inspiración.
¡¡ Lágrimas púrpuras, resaca de latidos ebrios en la sangre … ¡!

Y tú Artemio,
Maestro, educador, guía
Mostrando tu pecho, como derrotero de combate,
Cruzabas palabras en pentagramas invisibles,
Creando poemas, frescos y enamorados;
Zurciendo los días, meses, años…
Recordando el Octubre glorioso en que llegaste…
Desde la cumbre alta de tu mirada,
A romper los grilletes de nuestras mentes encallecidas,
A calmar nuestra sed de conocimiento,
con la fuente de tu pensamiento;
Haciendo saltar nuestra vena incaica
desde las raíces de filigrana,
Como el oro que refulge, en el paño de tus manos.

Yo sé que estás aquí, en estas líneas,
Siento el latir de tu clara cerviz…
En el repiqueteo de mis latidos,
En las llamas incombustibles de nuestra antorcha;
Y tu rostro se perfila en el cristal del rocío
Que la suave garúa crea, sobre el pétalo de alabastro,
Y sobre los surcos sedientos del sembrío.

Es verdad que tu nombre marcó la historia
Con trazos eternos de amor y pasión,
Y tu quena gloriosa, con ecos que repite el alba
Retumba poderosa en nuestros oidos,
Para aflorar, en las fogatas que lamen
Las heridas de la tierra…

Y tus letras, más poderosas que el huracán
Y más fuertes que el acero, escarban en las heridas del tiempo
Y quiebran los libros de tus poemas sagrados.

Y otra vez, estamos recitando tu nombre
Como la oración de las olas,
Que se rompen contra las rocas,
Clamando tu presencia entre nosotros;
Levantando nuestras frentes con tu escudo: La honradez,
Flameando nuestros corazones de hijos, de nietos, de VIDA
Y tu nombre, Juan Artemio…
Resuena en el eco de nuestra garganta.

Tú encendiste la fogata, con brazas eternas,
en el corazón de la historia;
que guarda tu acrisolada estela,
en las estremecidas letras del imponente Puca hualicha;
Y las venas de tus versos se quiebran
en los cuchillos de nieve blanca y negra
de los picachos serranos,
en las copas del frágil cristal del rocío,
que abren sus pechos, embebidas y transparentes:
a la voz de tus cantares.

En este aniversario de tu luz, el tiempo se detiene un segundo eterno…
Se detiene en su pausado andar, para posar sus sedientos labios,
En tu frente cariñosa y limpia.
Y nuestros caminos se alegran recordando tus pisadas…
Y las duras rocas se imaginan y tratan de dibujar tu huella,
sobre nuestra tierra eterna…

Se han deslizado nuestros pensamientos, sobre los despojos yertos de
poemas fríos, Sobre la tristeza y el dolor de olvidados huaynos;
Y vemos tus letras que florecen en los campos afligidos,
saciando su sed, sed de ti…

Padre, amigo, hermano: Cada día, sentimos,
cómo se alegra la sombra de tu recuerdo en nuestra mirada;
A la muerte tuya, Ya no se escucha tu risa desgarbada y cristalina,
Que inspiraba fé y esperanza,

Hoy, en nuestro semblante...
Sólo la nostalgia de tu quena, restallando en el aire de un huayno
Y en nuestros ojos... Sólo la lágrima pálida de tu triste ausencia.
Y tus hijos, en la música escondida de su melancolía...
Han de colocar en cada línea de tu dulce pentagrama,
El recuerdo de tu nombre, tu ideal, tu arte...
Como el sueño mágico, que zurce la esperanza rota.

Hyo. 20. Octubre

VIERNES

Con un fardo de distancias
Sobre el madero de mi dolor,
Acunando entre mis brazos a mi soledad cansada;
Así… hoy tengo un viernes agrio,
Y me sobran aún, mañanas hastiadas.

Viernes… triste,
Con una tristeza de huesos húmedos… de muerte,
Ni un pedazo de cielo azul en mis ojos,
Todo es gris,
Sinfonía de llagas abiertas
A flor de nostalgia.

Alzo mi viernes en este verso nocturno,
Como un grito de luz desesperada;
De mis labios resbalan las palabras…
a despedazarse en mudos, y ciegos ecos.

Es que estoy sólo,
Nada a mi alrededor… ni una sonrisa,
           Ni una voz
              …. sólo la soledad.

Viernes, oscuro y flaco,
Siguiendo mis pasos rotos
Sobre la luz que aún titila;
Esperando aún…
Una mirada que rompa mis tinieblas,
Pero sólo hay aire… mas que noche
Y dolor… dos veces melancolía
           Viernes… Soledad.

4 Enero de 1980

HABLEMOS DE NUESTRO AMOR

Hablemos de nuestro amor, que es vida nuestra;
Olvidemos un instante las horas y los minutos
Y recordemos la primera vez…
Que en nuestros ojos brilló el amor.

La fina garúa de la tarde
Toca el cristal de nuestros ojos… escúchame:
Siento que un frío cierra mi voz,
Y que estas letras no expresan todo lo que quisiera decir…
Es que las palabras enmudecen en este trozo de papel,
Y mi sentir es fuego abrazador,
        Es frescura de manantial,
        Es nido de alegrías y tristezas…
        Es entrega total.
Y esta hoja es pequeña para guardar tanto amor.

Ven, acércame tus manos, que mis manos extrañan el recuerdo de tu piel,
Entrégame tus labios, y que tu calor mitigue el frío de las sombras
Y así, unidos, hablemos de amor;
¿sabes? … he vuelto a leer tus versos…
es hermoso pensar, que en un momento me pensaste tanto,
mis ojos recorren con ansias,
las páginas desde donde charlas conmigo…
mis labios susurran, una a una, cada palabra tuya…
frases amorosas dibujadas por tus manos,
canciones que vibran
en cada espacio de mi cuerpo… te amo.

Ven, que la noche se nos va,
Aférrate a mi y dame tu calor,
Que la oscuridad luche con la luz de tu mirada,
Y que las fibras de la fina garúa, acaricien nuestros cabellos.
Así… una vez mas, hablemos de nuestro amor,
        De tantas horas de tibieza
        De tus ojos de miel,
        De tu mirada… fuego lento

De tus besos…ansias de vuelo,
De tantas auroras que iluminaron, el arco iris de mi sonrisa.
Ven… entre la penumbra azul, de la noche que se va,
Recuéstate sobre mi almohada de nostalgia,
Y ámame como el viento, que recoge mi lamento
Ven, quédate junto a mí…
Pues siento que dentro de mí
El cielo es breve con tu ausencia
Y el silencio sin piedad
Me roba tu voz de mi soledad

Hyo. 16 Enero 1980

POEMA DEL ADIOS

Ante el umbral de la incomprensión y el dolor,
Despierta el eco de la nostálgica melancolía,
Mi verso... tal vez el último,
Se echa a rodar sobre las piedras mojadas de la noche;
Castañeando las horas sumergidas en vientos otoñales.

Te digo adiós, con el llanto desteñido
Del árbol solitario y triste,
Y estas letras,
Pálidas de sufrir tanta espina en su agonía...
Inundan la raíz perlada de rocío, de mis ojos.

Te digo adiós,
En mi nostalgia poblada de espejos cardinales,
En el gemido de la herida que incendió su bálsamo
En el umbral de la tarde que anochece
Te digo adiós, amándote como te amo,
Deletreando el clamor de mis versos
Abanicando mi ardor de hueso triste.

Que ya no corran las aguas por mi mirada,
Que mis labios se posen en las ojeras del alba
Que la aurora llore sus esperanzas de quena,
Que este adiós llegue a ti...
Quedamente, como una pluma sobre el llanto de mis latidos
Como arroyo de agua en cascada permanente y eterna.

Perdóname...
Por no comprender tu amor puro y blanco,
Por no haber visto en tus ojos... la virginidad del trigo,
Por querer ahogar el cielo de tu sonrisa,
Por mi terca osadía, de romper los pétalos amables de tu silencio.
Que ya no llegue a mí... la cascada de tu risa,
La infantil inocencia de tus ojos,
Y el alba sedimentada de rocío, que tu mirar me ofrecía.

Que se ahogue en el silencio,

El nostálgico pentagrama de tu voz,
Que se despierte el rumor añejo de mi ávida tristeza,
Donde mi soledad se pone a leer
El eco sin migajas de este verso.

Hoy, siento el hielo del alba que hiere…
Lamiendo mis heridas solitarias
Estoy, como un retazo de sombra en las pupilas del rocío,
Ya sin vino tierno que riegue los surcos de mi alegría…
Ya sin nada.
Hoy mis ojos recorren,
Las perlas de lluvia que caen de la cóncava rosa…
El llanto de luz en la agonía de una esquina,
Y sobre todo esto… tu recuerdo,
Tus ojos y su mirar,
Tus labios y tus cabellos.

Perdóname por haber tropezado
Con tu horizonte lleno de pureza,
Por haber enturbiado tu llanto,
Por haberme puesto en tu camino…
    Por ser como soy… perdóname.

    Adiós mi amor, mi tierno amor…

        17 Enero de 1980   8 meses… un día.

CAMPANARIO DEL SILENCIO

A: Ronald Peña Huillca

De pronto he mordido
La lluvia empozada en mis labios
Y en mis oidos he sentido
El aliento muerto de las palabras mudas:
De pronto, su voz quebró el aire
Quedando huérfano de ecos – huérfano de aquel gorgeo
Que acariciaba
Con suave rumor mis oídos;
En ese momento,
¡Qué ganas de golpear mi voz, de romper mi garganta sobre
piedras dormidas en el camino¡

Qué tan sin vida, nuestras auroras
Escuchando rodar su voz amordazada,
En el eco interminable del silencio;
Sin poder increpar al infortunio,
Sin poder gritar al cielo ya gris,
Sin un alegre latido en sus oídos.

Y yo… sin fuerza ya
Para siquiera luchar con mis lágrimas
Y hablarle con el eco de mis ojos.

    Cuánta alegría sin voz,
    Cuántas palabras en sus pupilas
    Cuanto silencio en su mirada…
        … y qué hostiles nuestras voces en sus oídos
        qué agrio el sabor de nuestras risas,
        que temprano calló el día, su cantar para él.

Cómo nos desgarra el costado
        Aquél llanto sin ruido
        Aquella espina en nuestra médula
Cómo nos hiere nuestra voz…
        Golpeando las puertas dormidas de sus oídos,

        sin saber qué decirle… ni con qué;
        sin siquiera hacer callar nuestro corazón,
Sólo, aferrándonos a las raíces de nuestra pena.

¡ Y Ahora ¡
        ya no tenemos palabras,
        ni tenemos gargantas
                que rompan su muro de silencio;
ya no hay lágrimas, ni ecos
                para derribar el sello de sus labios…

Sólo, el madero de nuestra resignación crucificada;
Sólo, nuestro Amor
                Para guiar sus labios en silencio;
        Nuestra ternura
                Para entender y amar sus gestos,
Sus cabellos revueltos…
Su sonrisa de arco iris,
Sus ojos tan expresivos
Y su calor de albergue … de hogar.

Entonces,
        Ahoguemos nuestros gritos en desvelo,
        Sequemos, con el dorso de la mano…
        La lágrima mordida de estos versos;

Ahora,
        Que el rumor de su alegría
        Y el cantar de su mirada
        Inundan nuestro universo

                                Hyo, 10 de Febrero 1980

POEMA AL AMOR

En mis horas lentas
Del agua que teje plata…
Surgirás quedamente
Como la claridad de medio día
En la penumbra del ocaso.

Surgirás de mis labios
Como un beso silencioso
    Robado a la noche,
Como un suspiro apagado,
    Que se pierde en mi
almohada.

Caerán como hojas secas llevadas por
el viento,
Un día tras otro,
    Y yo seguiré amándote
        Mientras pasa la vida
Y tu sonrisa, como cascada de aurora
    Seguirá alegrando a mis ojos,
        Como tu presencia a la mía.

Amor es éste, como el viento
    Que acaricia nuestros cabellos:
        Ni se ve, ni se toca
        Pero existe y se siente

Amor es éste:
        Ingenuo como el agua,
        Diáfano como rocío madrugal,
    Que te ofrezco como vida de mi vida,
            Sonrisa de mis labios
            Alegría de mis ojos
            Tristeza de mi melancolía
    A ti:
Que colgaste en mi soledad… tu ternura

                14 Febrero 1980

CANCIÓN A UNA NOCHE QUE FUE...

Quiero soñar con el beso, que en una noche fue,
Noche de mayo
Bajo luz discreta,
        Que de ensueños envolvernos pudo,
Sueño con un beso,
        Arroyo consolador de limpia lluvia
Donde largamente desnudé
        Las hieles de mi melancolía
        Tan triste como tierna

Quiero soñar con el beso, que en una noche fue,
Nocturno dulce,
        Rumor de flores, juntándonos los labios
        En el pozo de sed de nuestras bocas

Quiero soñar en una noche que fue
Último nocturno de mi invierno
        Pues llegaste a mí,
        Como ave, que plegando las alas
        Se posa en las ramas mustias de reseco árbol
Y con su trinar alegra las horas de mi nostalgia despierta.

¡ noche inolvidable ¡
bajo la paz encantada de los espacios azules,
retorno al bosque de los recuerdos
        por la senda suave de hondo crepúsculo
        en busca del sueño de un beso
            en la noche que un día fue.

Muy cerca de mis recuerdos,
Yo te amo con ternura,
Por que nunca me diste, esperanza fallida
    Y por siempre,
        Cuando planté rosas en tu camino
        Coseché rosas aún más lindas.

Por todo esto: te amo   16.02.80

SOLO…… COMPASIÓN

A: un cuñado que fue

Pensar que en este nido
Suspiraron de amor dos corazones,
Pensar que este techo cobijó
Tanta expresión sublime de ternura,
Tantas ilusiones, dichas con labios de esperanza,
Hoy… nada queda,
solo una triste mueca – burla del destino –
que hace de ese amor…un juego infantil,
                burdo,
                falso.

Aquél, que juega con el amor
Y ríe, dañando al ser que ama
Y que luego llora, golpeando el muro
Que sus manos levantaron entre ambos corazones
Aquel, es un traidor
Por que traiciona la fe de su imagen
                Y de su propia sombra.

Aquél, que juega con el amor,
Quiebra el tallo de la rosa
                Que sus ojos regaron…
Aquél que rompe las esperanzas
                Que sus labios tejieron,
Que intenta borrar con la lengua
                La huella de sus ecos
Aquél … no ama,
                No puede amar jamás,
Por que su egoísmo ahoga
                Todo brote de cariño,
Ese mismo egoísmo, lo condena
A no sentirse amado jamás.

Aquel que porfía en tapar,
El astro sol del matrimonio
Con la pequeña sombra de la amante...
Aquél... no ha fermentado aún en la mansión de los hombres
Y sus alas de hombría,
Se hallan cerradas desde el alba
      Hasta el alba.
Es como el árbol, que intenta
      Desgarrar su mas bella vestidura
Y mostrar su desnudo ... libre
      ¡ el sol y el viento desgarrarían su piel
      con una sola lágrima
merece... sólo compasión.

Que lástima,
Que lo que creímos cielo azul..
      Esconda, tras nubes de infantil pasión
      Tormentas oscuras y malévolas.

Que lo que creímos árbol perenne
Sea sólo... tallo rastrero

                                                17.02.80

TE AMO TANTO COMO A TI

Sin aún haberte amado,
      Ya te esperaba,
En mis noches oscuras y tristes,
      Anhelante tus ojos buscaba,
En el aire y en el susurro del viento,
      Tu nombre escuchaba.

Y de pronto,
La vida se convirtió en bello poema,
Por que llegaste a mí,
Ofreciéndome en labios y corazón,
      El amor con que yo, tanto soñaba
Entonces,
Aprendí a mirar hacia el cielo
Y descubrí que hay estrellas, que tienen tu mirar,
Que el arco iris, tiene la belleza de tu sonreir,
Y detrás de mis ojos,
Hallé, que eres el sueño de mis noches
Y la luz de mis días.
Desde aquel entonces…
      Yo quisiera que sepas
      Que nunca amé así,
Y que el poema es bello,
      Si tú estás en él
Y que mis labios latieron de amor,
Cuando tus labios se le unieron…
      Como gotas de agua, que se funden en el mar.

19.Febrero 1980

ROMANCE

Caminando con mi verso,
La lejanía de tu presencia,
Arañando a duras penas
Este pedazo de tiempo deshojado...

Encuéntrome acurrucado,
Sobre el peso sin distancias
De mi trasnochada tristeza.

Intentando vencer
El fardo hastiado
Que sobre mis párpados duerme;
Y otra vez... peregrino y solitario,
Hállome bebiendo el sollozo
      De la piedras duras,
Masticando los minutos
      Del calendario cansino del gastado febrero...

Persiguiendo pasos extraviados
De poemas dolorosamente llagados,
Que bien pudieran decirte...
      Cuánto te amo
      Y cómo te escribo con los ojos,
Más... quédanse en silencio,
Pues atentas escuchan
      En mis latidos... tu nombre.

                                                        21 Febrero 1980

AZUCENA

Entre brumas de horizonte escarchado,
Una azucena, delicada y ligera
Cual copo de nieve, sobre corola de espuma,
Extendía sus pétalos temblorosos
    Bajo el beso helado... beso de alba.

Brillaban sus contornos suaves
Con raro fulgor voluptuoso
Su tallo inclinado,
    Proyectado por naciente aurora...
Se destacaba majestuoso,
    Rodeado de un halo extraño de tristeza;
Y sus entrecerradas hojas,
Mecían en sus pechos cóncavos...
    Mudas pupilas de rocío
-resaca de cielo –
con reflejos, como de agua estancada y profunda
    …. espejo virgen de alba remendada.

                                              21 Febrero 1980

POEMA DE LA ESCARCHA

Jamás como hoy he vuelto la cara,
A recibir la bofetada de mis recuerdos
Y he escuchado mi voz, con oídos ajenos,
... aquella voz,
        donde la pena ríe en llanto
         y el dolor se abre en sonrisa.

Siento frío...
Un frío gris, pálido;
        Me pesan los huesos
        Don cuelgo esta tristeza helada;

Me miro y no sé quien soy
En esta sed que escarcha mis labios,
Y este nudo que ahoga mis letras.

He aquí la tumba de este lamento,
Voz prisionera del frío sin techo;
Llanto amargo, huérfano de sonrisas y calor.

He aquí, el arco iris de mi hoguera,
Pentagrama de recuerdos...
Último rayo de la tarde.

He aquí: la mirada sin pupilas, rayo sin luz
      La voz sin garganta, trueno sin eco
      El latido sin costado;

He aquí mi estrofa
Como un ave herida de muerte,
        Que se clava en los maderos
        De su razón de ser...
            Pincelada de Arco Iris.

22 Febrero 1980

LA NIÑA DE LA MIRADA DE MIEL CERCANA

                                                  A .... ELLA

I

De perfume tenue,
Con música de las peñas;
Rodeada de diamantina niebla...
      Agil y risueña
      Azucena asta, cual rayo de luna
      ... la niña de la mirada de miel cercana.

II

La ví en el pardo ocaso de la tarde,
En sus cabellos...
      Cual corona de oro y rocío,
      La garúa seductora se insinuaba,
Y en su bella faz vespertina,
      ... su mirada de miel cercana.

III

Luego, con voz de alba tierna
Y besos de amor matutino,
      En el cielo esparce pentagramas angelicales;
Y entona con las aves, mágica canción....
      La niña de la mirada de miel cercana.

IV

Háblame de amor,
Dame de ti... tu mejor tú,
      Mientras tus manos suavizan mis cabellos
      Y mis ojos se pierden...
           En tu mirada de miel cercana.

                                      Hyo. 23 de Febrero 1980

ENTRE EL SOL Y EL VIENTO

Caggioni Diletta
D' infiniti affanni

Leopardi

¿Qué son esos oscuros horizontes
que hieren el espacio azul,
si a través de sus mágicas nieblas
    vuela mi recuerdo junto a ti?

Y esa calma pálida
Del campo dormido…
Y la soledad cristalina
De mi tristeza perlada de versos,
… ¿Qué misterios ahogan mi espacio,
    si tu mirada de trigo maduro,
      atraviesa como una onda tenue,
        el poema mudo de mis sueños?

Cuando en tus pupilas se dibuje
Un ave solitaria
Que en agónico vuelo,
Cruce tu mirada…
      Buscando un poco de calor
      Entre el sol y el viento….

¡ Acuérdate de Mí ¡

Hyo. 24 de Febrero 1980   Principio Amado
                                   De infinitas penas"
                                                    Leopardi

NOCHES PERENNES

Se mojarán los ojos oscuros de la noche,
Con lágrimas enervantes;
Y tímido mi verso encerrado en su silencio
Rebotará sobre tu mirada quebrada en soledad.

Recorreré esta noche perenne
Las encendidas fogatas de mis recuerdos,
Y apoyaré mis huesos
En maderos que postes fueron, testigos de mis besos.
    ¿Quién no es pasajero bajo
      madero de resignación?

Ayer, poste de luz sincero,
Me guiaste a través de la noche;
Me prestaste sombra de tu sombra,
Y grabaste mi voz sobre su voz…
    Mientras mis manos
    Recorrían las arrugas de tu tallo.

Sendero esquinado de alegría solitaria,
Aún llevas en tu vereda…
Fiebre y luz de ilusión;
    Y no sólo queda aún nuestro aroma,
    También la huella de nuestros pies dibujaron…
    Tras los pasos de nuestros pasos.

Yo recuerdo
Poste de luz enamorado,
Cómo se cubrían tus pliegues
Cuando tus ojos sin pupilas ni mirada
Presentían las armoniosas pulsaciones de la guitarra,
    … ella, te extraña más que nosotros,
    es que aprendimos a amarnos los cuatro
      … tú y la guitarra soñadora
      yo … y mi Lizsy

24 Febrero 1980

CON LA TIERRA Y EL CIELO

Quisiera ahora
Para mis hojas sin labios...
    Un beso de tus versos
    Con ecos de tu boca

Y si, a vista mía,
Desciende el estío de tu abcdario;
Lágrima a lágrima...
    Cual fuente de inagotable ternura,
Aún más que con la mirada,
    Te hablaré...
        Con la tierra y el cielo

                        25 Febrero 1980

POEMA DE DOS

Cuando se levante triste
El cascabeleo de tu risa;
    Y aún sientas en los labios
        La sal ardiente que resbala de tus ojos…
Recuerda que mi sonrisa
Se acuesta en el eco de tu tristeza;
    Y el calor de tu mirada
        Duerme en el soplo romántico de mi silencio.

Cuando la tristeza, nuble tus ojos
Como una flor marchita,
    Y rueden tus horas
        Como lágrimas de ceniza…
Recuerda el verso azul,
Que, cual alondra alba
    Ha de posarse en la lis de tu pena;
Y en tu semblante rosa…
        Hará que se forme
        El ósculo de una sonrisa

        … sonríe mi amor… sonríe

                      2 Marzo 1980

PETALOS DEL CREPUSCULO

Desde su lecho albo,
El nostálgico viento, destilaba su arrullo
Al pie del capullo de lágrima;
    Y su voz,
        En alas de dulces gorjeos, descendía
        A coronar de caricias claras…
            El rocío desnudo
            De las flores blancas.

Los pétalos del amanecer,
Prendidos del cielo opalino…
Se estremecían al roce de la dulce brisa
            Y cerraban sus frágiles corolas,
            A la luz del crepúsculo cansino

                                        5 de Marzo de 1980

ABUELO

Destejiendo el crepúsculo silencioso,
Buscando en los surcos de tu ancha frente…
Tus huellas sin sombra;
Así te hallo hoy, querido abuelo,
Saboreando la alegría sin luz de tu tristeza.

Qué callados están ahora
Tus pasos doloridos;
Persiguiendo luces añejas,
Apoyado en el antaño tallo de tu bastón.

Ha venido al fin el cansancio
A clavarse en tus huesos,
Y el alba se ve mas lejano en tus pupilas
Como si hubiera caído nieve en primavera

Hyo. 08 de Marzo 1980
Inconcluso

AMOR: CANCION DE CUATRO LETRAS

Palabra que estalla
Cual capullo coronado de rocío,
En labios, donde
      La sombras no hieren los lirios albos.

Instante milagroso,
Donde la oscuridad palpita en música
      Y el alba busca el calor del nido.

Dulce frescor,
Que se mece en las mejillas
De los pétalos entreabiertos
Cual brisa que se torna en viento

Canción cálida de cuna,
Cuyo eco nos arrulla
En brazos de azucena madura,
      … caricia de marfil y rosa,
          voz de mujer.

                              Hyo. 08 de Marzo 1980

TE QUIERO

Óyeme estas palabras
Que salen de entre mis cenizas,
Y mira cómo explotan a flor de ternura, mis ecos:
                Te quiero.

Sobre mi cansancio,
Aún tengo sonrisas
Y tengo labios para musitar al ocaso
Mi dulce arrullo:
                Te quiero.

Y lo digo, cuando mis ojos besan tu rostro
Como la espiga besa al pan,
Y aquél al vino.

Es tan corta la frase,
Como es infinito el cielo en tus ojos
Y el sol en tu mirada;
Mis labios cuajados en rubíes pálidos,
Susurran estos dulces versos
Con tierna fiebre enamorada…
                Te quiero.

                                    9 Marzo 1980
                                    3:10 p.m.

BOTON DE ROSA

¿Qué he de hacer
con este botón de rosa
que mis manos cogieron para ti?

… Quizás,
la tristeza cierre sus pétalos, al no ver tu mirada
y su aroma se torne acre
        al no sentir en el aire
           la caricia de tu presencia.

Pienso,
Que talvez, el camino hacia mí,
Sea largo y cansado,
Pero, que, si tienes amor,
Ese amor me pondrá tan cerca de ti
Que, bastará que voltees la mirada…
                Para hallarme contigo

                          11 Marzo 1980

CONGOJA

Dichoso el ave que sus alas despliega
Por vientos y ecos que mi ser quisiera;
Y si la muerte su vuela hiriera
          Por ver, lo que su mirada viera,
Mi vida, con suerte
          Por la del ave trocara.

-.-
Y si a dolor mío,
La muerte me llamara,
Antes….
Recorrer quisiera,
          Lo que mis pasos no recorrieron
          Y mis labios no besaron.

                                Hyo. 11 de Marzo 1980

AUNSENCIA

Esta tarde, me hallo frente a mí
Y mis manos alzan nuevamente la copa del dolor,
En un brindis mudo e invisible
Por una espera sin llegada;
Por un mirar hastiado a esa puerta, que no escucha mis ansias.

El cigarrillo que se consume entre mis dedos,
Me dice una vez más…
Que he de seguir llenando con sus cenizas
El hondo silencio que llena mis ojos.

¿Es que no escuchas el llamado
de mi ausencia en tu costado?

Siento tus latidos en mis venas,
Pero tú no escuchas los míos,
Pues mis latidos están tan callados y solos,
Que es inútil y sordo su llamado.

Estas horas solitarias que me acompañan,
Me susurran al oído
Que quizás nadie tenga tiempo
De pensar hoy día en mí.

Que mi espera se pierde
En el eco inmenso del olvido,
Y que mis labios,
Sólo han de besar…
               La hiel de un cigarro consumido.

12 de Marzo 1980

RESACA DE CIELO Y DE MAR

Cuando vea en mi silencioso camino,
El polvo cansado de la vida,
Cuando ya no sienta en mis latidos
El golpe de los minutos crueles;
Cuando mis oídos sólo escuchen...
El grito muerto de mis versos;

Entonces...
Sólo entonces,
Rodarán hacia el otoño (ocaso)
Las hojas secas de mis ilusiones;
Y pasarán las nubes, sobre mis ojos ciegos
Y mi sed será indiferente,
Al agua que corra entre mis manos.

El barro blando, ha de convertirse en piedra dura,
El ave de casa, lanzará sus alas tras el viento;
Y mojará sus labios peregrinos,
Por igual, en fuente amarga
      Y en vino dulce.

Y algún día, caminante solitario
De caminos infinitos,
Ha de volver con las alas preñadas de lejanía
Y sabor a sal en la mirada;
      Trayendo en la frente cansada,
      Resaca de cielo y de mar;
      De vino... y labios de mujer.

    Yo... ya no seré yo

12 de Marzo de 1980

CAPULLO DE LAGRIMA

Con palabras envueltas en humo,
Con letras sin hilos…
Con voz, que es grito mudo,
Así,
Esta noche escribo
Mordiendo el gris insomnio de mi cigarro;
Escondiendo los ojos tras mis párpados
Ya cansados de cargar tanto las horas;
Así,
Acariciando aún, el capullo marchito
Que se hunde en el hondo vacío,
De mi soledad sin luz;
Así,
Comiéndome los minutos
Con labios sedientos y secos;
Cargando sobre mis huellas,
El peso de mis huesos…
Así,
Escribo y pienso… pienso, escribo…
Robándole a la noche
Su inspiración helada
Y saboreando de la lluvia…
Sus labios de escarcha.
Así,
Cazador nocturno
De versos oscuros y tristes,
Recorro sin pasos
Las pupilas del capullo de lágrima,
Que brillan silenciosas…
         Venciendo mi insomnio.

13 de Marzo 1980

QUERERTE A TI

Quererte a ti,
Es hundir las llamas de mi pasión
En el mar de tu calma;
Quererte a ti,
Es ahogar a golpe de hielo
La fiebre que galopa en mis venas,
Quererte a ti,
Es no amar la calidez del lecho
Y renunciar a la tersura de tu piel,
Quererte a ti,
Es sólo, extrañar tu mirada
Y el sonido de tus pasos,
Quererte a ti,
Es sólo, calmar mi sed
Con el frescor de tus labios
Quererte a ti,
Es olvidar la ternura,
Y el valor de la entrega
       …. y todo, por temor
       a la sombra de nuestra cuna.

Hyo. 14 de Marzo 1980
1:35 a.m.

SIN TI

Se van las horas
Y la luna se aferra a sus tristes minutos,
Hoy, 16 de marzo... te extraño tanto;
Mi sonrisa te busca, para abrirse
Y mis ojos, necesitan de la luz de los tuyos, para mirar.

El recuerdo de tu mirada
Se pierde en mi nostalgia,
Quisiera decirte hoy,
El poema de mis sueños.

Y poderte alcanzar,
En un pedazo de noche estrellada
Para aferrarme a tu piel,
Como la noche se entrega a la tierra.

Aprendí a quererte,
En la promesa de tus ojos...
Y la corona de cristal que deja la lluvia en tus cabellos,
Y a amar cada día más,
Tu boca sensual...
Tus manos dulces y tiernas,
El fuego lento que quema mis ansias y mi corazón;

Yo te amo así,
Por que eres sincera;
Amo este extrañarte con fuego abrazador
Y a la vez fuerte brisa esperanzada.

Ven, quédate junto a mí
Quiéreme sin temor,
Bésame sin pensar, por que el tiempo se va;
Aférrate a mí y dame tu calor...
        Amor que te extraño tanto,
        Amor que tanto te amo.

16 de Marzo de 1980

MELANCOLIA

¿Qué pasará el día
en que mis ojos vean sin mirar
las pupilas vacías de la muerte?

No digo que el cielo me aguarde,
Ni que cantarán ruiseñores
Y surgirán flores
En torno a mi yerto cuerpo;

No digo que el viento, amargamente ha de llorar;
Ni que el amanecer ha de trocar
Floreciente alba por oscuridad…
                Cuando la guadaña hiera mi sonrisa;

No, no lo digo,
Pero pronosticado me tiene la nostalgia,
Que he de ver la muerte mía,
Y que he de llorar lágrimas invisibles sobre mi cuerpo.

Que el hilo emponzoñado de la vida,
Ha de tejer mi mortaja
Y que la tristeza que a mi frente asola
Ha de cavar mi tumba.

La mañana será gris,
El despertar… ausente;
Quizás, ha de quedar…
La mesa de hogar, demasiado grande
Y el sitio vacío… lleno de miradas nostálgicas.

Entonces,
Los ojos míos, desde la tierra,
Llorarán mi ausencia
Como nadie supo llorarme.

                                              18 de Marzo 1980

ECOS DE ALMA SINCERA

A… mis versos

Poema,
¿Qué furor te guía a ponerte
en manos de la dulce guadaña?

¿Qué viento peregrino te lleva
a trasponer el eco del alma sincera?

¿Será tal vez,
el ruido de la pesada carroza negra
que acaricia tu oído…?

O quizás, la nostalgia
De sentir en tus letras
El abrazo que te aguarda en la tumba.

Poema,
Habrás de ir conmigo a la muerte
Como me acompañaste fielmente en la vida;

Y ya no será pesar,
El no ser hielo y poder escarchar
Las cenizas de la palabra… ¡ ya no lo será ¡

18 de Marzo de 1980

BALADA DE LA PIEDRA DESNUDA

Se me viene la noche encima;
Desde la piedra blanca…
Asoman los tallos cual puños,
Ya sin aliento siquiera, para soportar
El peso de los pétalos en flor;

Ya se me acaban los caminos, y tengo contados mis pasos,
Ya se seca la fuente brava, del torrente de mis latidos,
Ya el arroyo del invierno enloquecido,
Corre, desgarrando la voz herida
           De las despedidas muertas.

Quiero alargar mi nostalgia,
Recostando mi cansancio
En la tristeza mustia del alba sin sol… Del cielo sin azul.

¡¡ Qué peso, este peso de las hora ¡¡
¡¡ Y qué cantar sin sonido y sin gestos,
la de nuestra soledad helada… ¡¡

Yo, que tenía tanta ternura
Para cargar la piedra desnuda
De las sonrisas tristes;

Y ahora… nada… ¡Nada¡
Tan sólo la canción sin ecos
De mi garganta crucificada,
Sólo el pentagrama albo
Del capullo derribado en lágrima;

Ya no sale de mi voz, la letra alegre que derretía la mirada triste,
Ya no hay mas versos en desvelo,
Ya no hay mas letras sobre el madero de mi rumor herido,
ya no hay nada…. ¡¡ Nada ¡¡

                                        19 de Marzo 1980

QUEDAMENTE

Quedamente, muy quedamente
Llegas a mí esta noche
En las cálidas notas del crepúsculo muerto,
Queda…. muy quedamente
Me envuelve la mágica niebla de los sueños
Tu aroma aún perdura en mis sentidos
      Y tu sonrisa vaga en mis labios

Bon soir, mon mignon
Buenas noches, mi amor.

      ….. Te amo

Hyo. 20 de marzo 1980

Et a' demaín¡

OFERTORIO

Yo no soy, mas que barro triste…
Costra de soledad,
Este es el capullo de mis nostalgias encendidas
Letra a letra, cual lágrimas, mis versos formé
Versos, cual abanicos de tristezas
Que se abren en recuerdos mudos.

Yo no soy, mas que el eco de un mirar lejano
Pero viví, la mas hermosa de las experiencias:
Amar una dulce mirada… una voz tierna, una sonrisa.
Este es el espejo de mis días,
Gota a gota lo resumí
Bebiendo el acíbar de mis soledades
Y la miel de mis recuerdos.

Este es el haz de mis sentimientos
Que te ofrezco con todo mi corazón
                              … a Ti

                                    Huancayo, Abril 1980

I

No debiera decir estas palabras,
No las debiera dejar suspendidas
Trémulas en el aire prisionero,
No debiera herir aún más
Las tristes notas de la cansada guitarra
Que bordonea una partida... una ausencia

Pero no es posible evitarlo
No es posible callar ahora,
Ahora que la tonada de tu voz
Se hace hielo en mis oídos,
Ahora que el viento ciego
Desata su tempestad sobre mis espaldas.

No es posible callar esto
Que hierve en mis venas,
Y que explota en mi garganta
No es posible...
NO
      LO
           ES

                                              09 Abril 1980

II

Todo me recuerda su presencia
Las calles solitarias
La universidad
Mi cuarto
Mi voz
Mis pasos,
El temblor de mis labios
La nostalgia de mis ojos
Mi risa falsa
Mi tristeza tan real... todo.

Mi cuerpo extraña su calor
Mis labios su sonrisa
Mis cabellos, sus caricias
... está en mí y yo no puedo ya
         estar en ella
mis venas laten tan de prisa
cuando mis ojos la ven
         y mis labios no pueden besarla

       ... ¡ Tanto la extraño ¡
              ¡ Tanto la amo¡

                    10 Abril 1980

III

¿En qué amanecer te soñé? ... no lo sé
pero brotó mi amor con tanta fuerza
y hubo al rozar tus labios en mí, tanta emoción
que mi soledad se quebró en tus besos.

Entonces,
Me elevé sobre mis cenizas
Y saqué a la vida
Mi inspiración dormida.

Yo, que era como el árbol seco
Que sólo espera el hacha,
Remojé mi sed en tu arroyo
Y sentí fluir de mí, tal cascada de versos
Que mi ser ni soñó.

									11 Abril 1980

El viento hincha las velas de la partida,
Me esperan los caminos... la distancia,
No te digo adiós, pues
Así como nuestros corazones se encuentran
Y nuestros espíritus se hablan
Así,
Mi partida no puede separarnos
Pues, nuestros recuerdos se encontrarán
Y en nuestras manos, sentiremos aún
Nuestro calor mutuo ...
				Es el amor

									11 Abril 1980

El ave besa suavemente la flor por un momento
Y luego se confunde con el cielo
Y sin embargo, ha dejado en sus pétalos
El corazón y el sueño de su mañana.

El adiós…
Entre nosotros, el adiós no existe,
No puede existir
Por que el recuerdo del ser amado
Crece en el alma, con la distancia
Como crece el eco en las montañas
                Del crepúsculo

                                      11 Abril 1980

Nuestro reencuentro
No será como del viajero,
Que vuelve a su tierra y la encuentra cambiada
… ¡ No ¡
sino como el del que cerró
los ojos por un momento,
y al volver a abrirlos
halló al ser amado más bello,
más tierno…
            y más suyo

                                      12 Abril 1980

Sólo crece la flor
Cuando los pétalos se abren al polen;
Sólo amanece el día,
Si la aurora madura en alba;
Sólo es más bello y más entero el amor,
Cuando todo se hace por el mismo amor.

El amor no tiene otro deseo, que el de realizarce
Fundirse y ser
Como el arroyo que canta a la medianoche,
Como la dulce brisa
Mezcla de frío y de calor

O, como dice un poeta:
"Cuando os hable el amor… creed en él
aunque su voz destroce vuestros sueños;
y cuando sus alas os envuelvan… entregaos
aunque la espada entre ellas escondida, os hiera;
cuando el amor os llame… seguidlo
aunque su camino sea duro y difícil…"
      Kahlil Gibran …" El Profeta"

12 Abril 1980

Yo tengo la dulzura fatigada
Del trigo en otoño,
Que sólo espera,
Con entregar su cosecha, perfumada de sol y de viento
Para morir soñando en el pan.

Y tú, eres
Un arroyo alegre, cantarín y puro
Que sólo sueña con el mar;
Pero no olvides,
Que las aguas dulces del arroyo
Se hacen amargas
Con la sal del mar.

12 Abril 1980.

IV

Yo tengo la dulzura fatigada
Del trigo en otoño,
Que sólo se ilumina,
Cuando entrega su cosecha perfumada de sol y de viento,
Para morir soñando en el pan.

Tú eres,
Un arroyo alegre, cantarín y puro
Que sólo sueña con el mar inmenso y azul,
Pero no olvides torcaza,
Que las aguas dulces del arroyo
Se convierten amargas
Con la sal del mar.

                                        Hyo 12 de Abril 1980

V

Una pincelada de nostalgias
Matiza mi solitario refugio,
Aún se mece en mis sueños…
El recuerdo
De las lágrimas frías que herían tus mejillas,
Ahora…
Que en mis labios guardo
Ese sabor helado de tu adiós
Ahora que tu quieres que ya no te ame,
Ahora es cuando yo siento
Que más te quiero,
Y que daría el mundo entero
Por tenerte junto a mí.

Hyo. 13 de Abril 1980

Y así, ahora pasan los días,
Amanece y anochece, siempre sin razón
Auroras y ocasos que se me amontonan
Sobre los maderos de mi tristeza.

Para tu amor temprano
El mío ya anochece,
Eres retoño de nuevas primaveras
Capullo que se abre en flor,
Mientras que yo,
Ya soy
Solamente un lánguido otoño

13 Abril 1980

Una pincelada de nostalgias
Matiza mi solitario refugio,
Y aún se mece en mis sueños
El recuerdo
De tus lágrimas frías que herían tus mejillas

Ahora, que en mis labios guardo
Ese sabor helado de tu adiós,
Ahora que tú quieres que ya no te ame,
Ahora es cuando yo siento
Que más te quiero,
Y que daría el mundo entero
Por tenerte otra vez, junto a mí.

13 Abril 1980

A través de mi ventana
Mi pensamiento vuela lejos de donde estoy;
Afuera a veces llueve
Y la noche siempre es fría
Cuando no se tiene, el abrigo de un recuerdo.

Quiero recordar esta noche
Aquellos poemas tristes como una canción;
Acaso no quiera ver yo,
Que sólo hay horas muertas en torno a mí,
Que las golondrinas vuelan al sur
Anunciando un tiempo gris.

Acaso no quiera ver,
El paso lento del reloj cansado,
Su voz desnuda gritándome como ayer… un adiós
Y yo,
Mirando al cielo, la oscuridad
Y así estoy recordando tu amor;

Sordo a ese poema de adiós
Que tus labios musitaron para mí,
Sólo recordando tu sonrisa
Jugando en mis labios;
Tu mirar flotando en cada beso
               Por que yo,
                    ….. yo te amo

                                                 14 Abril 1980

Noche, tú que sabes de todo
Susúrrale al oído…cómo es este amor;
Dile…
Que cuando sienta en sus mejillas
Las brasas de una lágrima
O el frío de la distancia
Dile
Que se abrace al recuerdo
De este mi cariño,
      Por que a mí también me hace falta
Dile en tu silencio
Que cuando se da amor
Sólo se espera cariño… y nunca un adiós

      Es algo extraño…
          Se llama: AMOR

14 Abril 1980

Tu sonrisa:
Caricia de mis ensueños
Murmullo de mis suspiros
Bálsamo de mis heridas
Consuelo de mis tristezas
Tu sonrisa, se me va
Como el viento entre mis manos
Y no lo puedo evitar
    Por más que tanto yo te quiera
    A pesar que de pena yo me muero

No dejes que muera tu sonrisa
Te lo pido por ese amor que me tienes o tuviste
    Te lo pido … no lo dejes.

                  14 Abril 1980

OJOS CRISTALINOS

Mira:
Mis ojos están cristalinos,
Y puedes ver mis penas escondiéndose
Detrás de mi sonrisa;

Y parece que fue ayer, ayer nomás
Cuando de tanto arañar
El polvo triste de nuestros labios,
Que el viento charlador se quedó, mudo de improviso,
Se quedó sin voz y sin ecos.

En ese instante, la soledad
Trepó hasta la cumbre de mis pupilas
Y allí, sin poder recoger
Siquiera una pequeña brizna de ternura,
Estalló en dulce arroyo…
En lágrimas sin nombre.

Te acabo de recordar
Y siento que la tristeza golpea mis ojos;
Tú estarás durmiendo la pena mía
En estos minutos de sombras desatadas
Y yo, sin fuerzas ya para siquiera un latido,
O para llamarte desde este refugio
Desde este pequeño rincón de mi agonía.

15 Abril 1980.

AMAR ES CREER

Así, un día y otro,
¿Es que puede acabarse así, aquel
despertarse cada amanecer con un alado corazón
y dar gracias por otro día de amor?

¿Es que puede terminar en esto,
aquél dormir con una plegaria por la amada en el corazón
y una canción de alabanza en los labios?

Fuimos la tarde misma,
El sol y el frío,
El tiempo y la distancia
Hombre y mujer;
Por que así como el amor nos redime y nos corona,
Así, nos crucifica.

Así, como asciende a los más alto
Y acaricia con el sol nuestros cabellos y nuestros cuerpos,
Así, también desciende al dolor y a nuestras raices.

El amor es creer,
Saber del dolor de la demasiada ternura
Y además es comprender… y amar,
        Pero ante todo….
                Comprender.

16 Abril 1980

LETRAS HUMEDAS¡¡¡

Que hostiles son las letras húmedas de la soledad,
Que cansada la piedra de la tristeza
Y como gime
Mi nostalgia desgarrada
       ... ¡ y qué peso, este peso de su ausencia ¡

Que temprana la muerte de mi inspiración
Que sin aliento mis gestos;
Por que hasta la helada
Quedó suspendida en mis huesos.

Cuánta tiniebla en el rincón de las alegrías
Y cómo me hiere ahora esta agonía,
Todos los días el despertarse para la angustia.

Nosotros,
Que teníamos tanta vida,
Tanta ternura para vivir,
Tanta fuerza para vencer en las batallas,

¿Qué será ahora...
de nuestras huellas en las sombra;
de nuestras miradas caminando en la tierra...
que será?
De nuestro riachuelo sin cause?
        Y de mí ...¿?

                                      16 Abril 1980

A CIEGAS

Y así fue
Que cayó mi luz, mi sonrisa
Y desde entonces,… sombras
Sombras, desde aquel minuto delirante
Cuando todo pareció ya sin mañanas;

Qué agonía desde entonces,
Que morir poco a poco, evocando su ausencia,
Cuánto camino a ciegas desde entonces
Cuánta oscuridad a mis pasos,
Cuánto llamar sin ser oído,
Cuánto gritar sin nadie en tus oidos.

Solo ausencia,
El frío de la distancia, y
El rumor derribado de la nostalgia.

16 Abril 1980

ABRIL

Abril de hielo intenso,
De sombras profundas,
De frío en nuestros cuerpos, y
De lluvias sin motivo.

Cuando sientas en tu mirada
El frío de mi ausencia
Abrázate fuerte al recuerdo
Del último beso entre los dos
Abrázate al calor de mis versos,
Que te llenarán de tibia paz ... y caliente amor.

                ¡NO ME OLVIDES¡

                              16 Abril 1980

NO TE POSES EN MIS LABIOS

Caminante de mil caminos
Alegría de mil bocas
No te poses en mis labios
No hieras con falsa sonrisa, mi tristeza;
Ya yo estoy cansado, sigue tú adelante
Tuve en mis ojos, la luz del amor
Pero vino el destino,
Y con un golpe suave
De viento la apagó.
De pronto...
La noche tremenda se durmió,
sobre las olas de mi pensamiento;
Yo ya estoy cansado
        Alegría, sigue
              Tu camino
                      No te necesito.

                                          17. Abril 1980

AME Y FUI AMADO

Se acerca mi ocaso,
Llega ya el invierno a esta primavera mía,
Amé... fui amado,
El sol calentó mi cuerpo
El viento acarició mis cabellos
Y el amor me brindó su mas hermosa flor...
¿qué mas puedo esperar de ti vida?

Detrás de la claridad del día
Viene la oscura noche,
Luego de una sonrisa... una lágrima
¡ vida ... nada me debes ¡
Amé y fui amado

Hyo. 17 de Abril 1980

QUE SERA... DE MI?

Qué hostiles, las letras húmedas de la soledad,
Qué cansada, la piedra de la tristeza,
Cómo gime, mi nostalgia abandonada…
Recostada en las espinas de su adiós.

Cuánta tiniebla en el patio de las sonrisas,
Cuántos versos sin ecos,
Cuánta agonía al despertarme para la angustia.

Nosotros,
Que teníamos tanta vida,
Tanta ternura para vivir y amarnos,
Tanta fuerza para vencer los obstáculos…
Qué será ahora, de nuestras huellas en la sombra?
Qué será de nuestras miradas, vagando por la tierra?
Que será … de nosotros?
De mi?

16 Abril 1980

OJOS FRIOS

Dime amigo, hermano, le dije:
¿Por qué andas triste si las estrellas perfuman la noche?
¿Por qué miras las horas si ellas te gritan su soledad,
y la nostalgia se halla colgada de sus minutos?

Entonces, él abrió los ojos
Aquellos ojos tan grandes y tan tristes,
Y al contemplar su costado vacío,
Musitó un poema dulce…. el poema del invierno azul.

Llevo escrito una pena – me dijo –
Una pena en el corazón
      Y de entre sus labios, cayó la lluvia de sus recuerdos,
      Palabras sin eco ni distancias,
      con sonidos pálidos y mucha melancolía…
      Cayeron, desgranadas sus letras, sobre el pasto del ayer.

Luego, inclinó sobre el pecho la cabeza
Y suspiró con dolor… con amargura:
"Escucha estas palabras,
esta voz deshojada del rosal de mi culpa…
vengo de ver unos ojos pardos,
ojos como el trigo maduro que antaño,
iluminaron de amor mi sendero,
y que hoy, hoy los hallé oscuros y fríos,
con esa frialdad que da la indiferencia;
¡ Qué culpa la mía… convertir tanta alegría en tristeza ¡
¡ Tanta esperanza en soledad ¡ ¡ Qué culpa la mía ¡ Por Dios ¡"

Quedó en silencio y la noche interrumpió sus suspiros,
Alzó los ojos, trémulo de tristeza
Y lloró… lloró mucho… lentamente

En el oscuro cielo… había un reguero de estrellas.

Hyo 18 de Abril 1980

NO ... NO MORIRE DEL TODO

No moriré del todo, amiga mía
De esta tristeza, que empaña mis ojos,
Algo ha de quedar
Suspendido en las rieles de mis versos

Quizás, luego
Escuches por la boca yerta de mis letras
El grito mudo de mi alma,
Y tal vez sientas,
Que en tus oídos serenos…
Suena la nota quebrada
De la melancólica tristeza,
Que añora mi calor, mi voz y mi llanto.

Entonces,
Se erizarán mis huellas
Y con eco nostálgico
Cantarán, la melodía de mis recuerdos

No, no moriré del todo
Aún quedará en tus labios
El último beso de los míos
Y en tu mirada….
El brillo agónico de mis pupilas
Ya hastiadas de esta soledad,
    Que hace del arco iris… una alegría sin razón.

Hyo. 19 de Abril 1980
4:10 p.m.

MÍRAME AHORA...

Mírame ahora,
Ahora, que aún no es tarde
Y que el viento no musita todavía,
La oración de la partida;
Ahora, que los caminos me llaman
Anhelando mis pasos... ahora.

Nos habíamos las vidas entregado
Uno al otro,
Y ahora nos las devolvemos...
Y de esto, la culpa la tengo yo, por amarte demasiado.

Te acuerdas? ... ¡Nos amábamos tanto ¡
Y esto era aquél amor? ... ¡Quién lo creyera¡
Pero... olvidemos eso,
Y mírame ahora,
Ahora que tengo flores de culpa en las manos,
Y en los ojos... el rocío de la partida.

Mírame ahora, ahora y no más tarde
Por que después, tus ojos
Tendrán la alegría de no verme.
Ven, siéntate aquí... junto a mí;
Y recuerda tu hastío,
Que yo cerca de ti... recordaré mi soledad.

23 Abril 1980

...POR MI

Comprendo que en tus ojos
Ya no me quieres ver;
Que tus besos ya no quieren ser míos
Que tu mirar no necesita más, mi luz
Y que tu gran amor
Pronto encontró la nieve del olvido.

Cómo pude soñar que fueras mía?
Yo, que sólo fui amargura para tus lágrimas;
Yo, ave solitaria
Que cruza el espacio en moribundo vuelo...
Cómo pude soñar tanto?
Perdóname;
Perdóname por haber querido imponer
Mis sueños a tu orgullo virgen

Comprendo que no brindes conmigo
Por este amor tan mío,
Por este amor, que suspira, que sonríe...
Que canta y que triste brinda esta noche,
Por un sueño absurdo,
Por un despertar anegado de melancolías...
Por mí.

27 Abril 1980

MIA

Fue mía una noche,
Una noche que murió con el viento,
Locamente mía….
Aún siento en mis labios
La quemazón de sus ansias, y en mis mejillas
El tibio sabor de sus lágrimas.

Yo seré en sus recuerdos…
Una lágrima dormida… y en su playa,
la primera ola que refrescó sus arenales.
Fue mía una noche,
Y luego partió con el viento.

Yo la amaré en silencio,
Como un sueño que nunca logré soñar,
La amaré en el viento que acaricia sus cabellos,
Y susurraré en una guitarra… recuerdos y nostalgias;
Soñaré con sus besos ….
y jamás lo sabrá ¡¡

24 Abril 1980

VERDE

Vete de mis ojos amor mío,
Vete de mis tristes labios cuarteados,
Que el viento tibio, está soplando muy lejos,
Y tú…rio de miel,
no quieres dejar tu corazón en esta rivera.

El verde reverberante de la selva
Se pierde hasta el infinito,
Contorneado por los muros de árboles oscuros
Que resaltan sobre el verde claro de la hierba
Aquí y allá hay charcos multicolores de flores
Que estallan al sol y a la vida

Tengo todo esto y sin embargo,
Hay muda tristeza y recuerdos agrios dentro mío,
Como si tus misterios me protegieran,
De los dioses charapas, de cada leyenda aymara,
De todos los muchos miedos que hoy me inundan.

Aprendí a conocer
Los rostros de la luna en el espejo del Apurimac;
Y el multicolor sonido de la selva, en el Mantaro y el Ene.

Aprendí a amar este viento caliente
y el amanecer verde, a orillas de estos nichos de agua,
Dulces lechos de aventuras sin fin;
Viviendo y muriendo, Dia a dia,
entre la tierra y el sin fin de tormentas
que azotaban mi rostro;
Entre duros inviernos y cálidos veranos húmedos…
Hermosa y rica selva ayacuchana.

Sivia, Mayo 1980

HOMENAJE

Madre:
Hoy es cuando siento más
Mi costado solitario y triste,
Por que tú no estas al alcance de mis ojos,
Hoy es cuando siento más, el cansancio en la espalda
Por que no estás para ofrecerme tu regazo.

Todo este verde no tiene razón de ser,
Si no estás en él,
Todo este calor agobia más
Por que me quema tu ausencia.

Madre:
Yo te recuerdo este vaporoso día,
Así como recuerdo mi nostalgia helada,
dentro de este horno de follaje y flor;

Te recuerdo alegre y tierna
Como lluvia en verano,
Te recuerdo todos los días de mis días,
En todas mis sonrisas,
En todas mis tristezas,
… en todo mi todo.

¡¡¡¡ Feliz Día, Madre ¡¡¡

Sivia, 11 de Mayo 1980

SOLEDAD SINCERA

Domingo 15 de Junio,
Otra vez entre mis recuerdos...
Mis pupilas vuelan a la ventana, ha comenzado a llover;
Entonces, salgo a caminar,
A sentir la fragancia de la tierra húmeda
A repasar nuevamente estos senderos, en busca de mis huellas.

Es hermoso sentir este verde inmenso en los ojos,
Tratar de besar la lluvia que golpea el rostro
Y pensar... pensar mucho.

Sé que estoy demasiado atado a la vida, a los recuerdos
.... a la nostalgia,
pero, ése es mi gran mundo,
las cosas que más amo...
las que hacen dulce esta soledad...
las que sostienen aún mis pequeñas alegrías.

Yo, que siempre tuve ansias de lejanía
Y una sed insaciable de caminos;
Ahora sé,
Que de tanto robar a mis noches el sueño...
De tanto gritar al amor en mis versos,
Sólo me quedan, sonrisas vestidas de ayer,
Alegrías añejadas en tabaco y ron...
en seda y satín.

Quise sumergirme en un remolino
De alegrías pasajeras, de brazos vacíos...
Y que logré? ....
                Sólo soledad pura y sincera

Sivia – Valle del Río Apurímac – Ayacucho
                                          15 Junio 1980

SED DE MIL CAMINOS

No dejes que mi recuerdo duerma en tus ojos,
No hagas que tus labios pronuncien mi nombre;
Pues el viento está soplando en contra,
Y mis pasos aún tienen sed de mil caminos.

Yo sólo soy brisa que acaricia un momento,
que luego se convierte en viento compañero, viento amigo;
Soy como las hojas secas en otoño
Que no sueñan con volver a la rama…
Me esperan mil formas de renacer¡¡¡

No dejes que mis besos se dibujen en tu sonrisa,
Cierra tus oídos a mi voz,
Apaga mi calor de tu pecho ansioso,
Por que el rocío besa la flor, y luego se desvanece.

No ames en mí, al sueño de tus días
Ama en mí, las aguas que calman tu sed;
Y que luego, han de seguir su rumbo
Buscando nueva simiente, nuevos pastizales
nuevas ansias secas.

                                        23 de Junio 1980

DESTINO

Me moriré un día
Cuando en la aurora gris
Todas las estrellas se duerman.

Nunca perseguí dejar en la memoria inmensa
De los hombres, mis versos de vida;
Aquellos versos, donde bailaron
Al son de mis nostalgias… el sol y el viento,
Las calles y los pies desnudos… ¡ No ¡

Nunca perseguí la gloria de una mirada de miel
Ni una sonrisa de caramelo;
Mis manos y mis pupilas… mis gritos y mis ecos
Sólo pidieron un sorbo de Amor.

Me moriré…
Recostado en el árbol frondoso de mis sueños,
Sin brújula ni luz…
Sin lagrimas ni pesares;
Quizá,
una sonrisa de nostalgia adorne mi recuerdo.
Y tras mío, el sendero de piedra y sol,
De mar y playa…
Que nunca he de volver a pisar.

16 Agosto 1980

PREFACIO:

Sobre la tierra: Un hombre que lo hizo todo … por Amor

UN CAFÉ Y UNA GUITARRA

Rumbé las incontables veredas
Con un poema entre dientes,
Hurgando todas las miradas, todos los ojos,
Y no sabes cuánto dolían
Aquella noche, las estrellas en mi mirar.

Busqué en las ojerosas calles…
Más heridas para mis versos,
Más lluvia para mis labios,
Más viento para mi frente;
No, no digas nada… ya lo sé.

Si lloviera esta noche
Y cada gota salpicara a tu lecho tibio,
Tal vez…pero no.
Quizá detrás de tu almohada encuentres mis poemas;
Así como yo encuentro tu calor debajo de la mía;
Y afuera en la vía mojada…
En aquella esquina viva,
En aquel poste viejo que aún nos extraña
En aquel tronco, solitario hoy;
En tus poemas, en tus posters
En aquellos tantos recuerdos de ayer y hoy;
En un café y una guitarra
Quizá…tal vez…te encuentres en mí.

HELADA

Siento frío...
Un frío que me cala el alma,
Y que se revuelca entre mis nostalgias escondidas;
Tengo sed...
Es que tanto han resistido mis labios secos,
la ausencia de los tuyos...
Que ahora musitan quedamente, tu nombre en la noche.

Siento hambre...
Hambre de ti, de tu cariño, de tu sonrisa, de tu ser,
Tengo las manos frías, los ojos tristes
El corazón estrujado, el cuerpo a medias muerto
Te amo...
Lo sé y no me arrepiento, a pesar de tu indiferencia,
Te escucho...nada.
Hola helada,
¿me amaste alguna ves? ... ¡ No lo sé ¡
Estoy aprendiendo a vivir con este amor que me consume
y que quema mis esperanzas.

27 de Agosto 1980

YO SI

Una guitarra, una canción
Un sueño y una ilusión… una mirada parda;
Calla la guitarra, marchitando la canción pálida
Y se nubla tu mirada…
Dime, ¿quien me robó la luz que brillaba en ti?

Cae la lluvia tras el cristal
Y yo te extraño cada vez mas,
Siento que el frío cierra mi voz
Y mi garganta se encuentra hueca y perdida.
…. todo es tristeza.
Me pregunto, de que me sirvió
Haber querido como lo hice yo?
No se por qué, este cruel sufrimiento,
Cuando más te llevaba yo en mi ser,
Más ausente estaba de ti.

Una lágrima dice mas que las palabras…
Preguntas si lloré?
SI, lloré
Y es por que … yo sí te amo

                    Yo sí te amo

                                  28 de Agosto 1980

... Y SEGUIR MURIENDO LUEGO

Pensar que en el espejo de tus ojos
Ya mis ojos no se ven,
Sentir la noche mas intensa y fría,
Buscar el viento para tocar el hielo de su mirada...
      Es morir y seguir viviendo luego

Sentir en mi frente el retumbar de
Campanas al viento, repicando tu nombre,
Sentir de noche y de madrugada
El calor de tu sombra en el trigo de mis recuerdos...
      Es reir y seguir muriendo luego

                                            31 de Agosto 1980

A PESAR TUYO

Mujer:
Mi recuerdo es mas fuerte que tu olvido
Mi nombre está en tu almohada,
En el aire de tu alcoba,
En tus labios...detrás de tu sonrisa.
Yo lo sé,
Y sé que a pesar tuyo, por mi amor suspiras,
Que en la lluvia mi tristeza aspiras,
Y en las noches regadas de estrella,
en el frío que muerde tu cuerpo...
Mi calor... nostálgica recuerdas.
Deja que te llame con mi silencio,
Y escucha estos versos tan sencillos y simples,
Como todas las cosas tan llenas de mí.
      Eres como la noche, tierna y callada;
      Soy como estas líneas, vivas, que hoy llegan a tus labios
            .... te amo

                        01 de Septiembre 1980

POR TI

*"Hoy toco la guitarra,
y toco por ti…*

Hoy, voy aprisionando en cada cuerda
las palabras que salen de mis labios,
por que es la primera vez que estoy tocando para ti….
y al oir el cantar de mis cuerdas,
aquellos versos se me meten en la piel,
como frases dibujadas por mis labios en tu cuerpo.
Ahora recuerdo…
Qué poco viví en ti, a tu lado,
Pues tus ansias de vuelo, "tu camino" como dices,
Te llevaron a volar libre hacia el cielo del olvido;
Y veo pasar, noche tras noche,
Esta inmensa soledad sin ti,
Sin tu boca, sin tu cuerpo, sin tus manos
Y extraño aquella noche en que amanecí en tus brazos.
        Hoy toco la guitarra
           Y toco… por ti

2 de Septiembre 1980

TU QUE FUISTE NUNCA, NI SERAS POETA

Guitarra canta otra vez tu triste canto,
Bajo la penumbra de un farol de luz escondida;
bordonea en tus empolvadas cuerdas
Todas las cosas que quedaron por decir,
Todas las horas que quedaron por vivir.

Guitarra, quiebra las gargantas del silencio,
Enciende las llamas que no queman...
El frío que no muerde.
Golpe a golpe... verso a verso
Tú que fuiste nunca, ni serás poeta...
Canta hoy, guitarra plañidera.

7 Setiembre 1980

TU ...... SOLO TU

Tú, sólo tú
Cascada de miel dorada
hecha para en mis labios diluir tu piel,
Tú, brisa frágil y fresca aroma de cebada...
      Ardor grato de recónditas nostalgias.
Tú, la fuente clara que no se oye...
      La rosa rendida de los pezones dulces;
Tú, carne trémula de amante infinito,
      Más diáfana que el rocío en la azucena
      Más prohibida que un verso que no se ha escrito nunca¡¡¡
Tú, el suspiro que se pierde en el eco de mi respiración,
Tú, el mordisco que se escapa de mi boca,
Tú, el arco iris tibio de los muslos tersos,
Tú, la chispa que en un beso crispa mi cuerpo...
      Que me envuelve cual día de sol en un torrente;
Tú, la crucifixión del Amor y del Deseo...en una burbuja cristalina
      Tú .... Sólo tú.

¿SABES?

¿Sabes tú de donde brotan estos versos?
Brotan…
De los caminos deshilachados por el remolino de los vientos,
Del grito sordo de un ave solitaria
De la música derretida de un canto triste,
…. de tus lágrimas prendidas en mis mejillas
de tu amor que llena el vacío del alma mía
           …… de tu silencio

                              02 de Setiembre 1980

"Donde haya duda… ponga yo fé"
Sn. Francisco de Asís

UN HOMBRE...

Un hombre es una mirada sin distancias,
Es el polvo de mil caminos,
Mezcla de fe y soledad.

Un hombre es un verso
Entre la vida y la muerte,
Una canción rota...
Que sólo se escucha una vez.

Un hombre, es la huella de sus pasos,
De sus recuerdos y sus nostalgias;
Es el recorrido, entre sus labios y sus hechos.

Tal vez, sea una luz, una caricia;
Quizá... una lágrima tierna
O un torrente embravecido
Aún así
Un hombre es sólo eso... Un hombre

12 Setiembre 1980

> "Si ha de ser
> Condición de mi alegría,
> tu olvido…
>   Prefiero estar triste siempre"

CHARLIZSY

18 AÑOS

Yo busqué desde siempre, el Amor
Y del Amor lo puro y sincero,
Quise sumergirme en ese mundo
sin ayer, sin ahora, sin después –
del Amor compartido y concretado,
y qué halle?
La Desilusión… aquella que corrió su manto
Sobre mis ojos y mi alegría.
Amiga …. Hermana:
Quizá comprendas, lo que significan
Aquellos sueños que nacen desde la adolescencia;
Aquellos amores (tan fugaces como alegres,
Tan simples como ingenuos),
De aquél que todavía no ha aprendido a desconfiar;
Quizá comprendas lo que yo sentí,
Al ver que junto a aquellas sonrisas,
Junto a aquellos besos helados,
… había perdido yo, mi inocencia.
Entonces,
Me volví triste y solitario,
Reservado y silenciosos, pero sobre todo: Desconfiado
Y previsor de esta clase de desilusiones.
(Y eso tal vez sea malo,
pero enseña mucho)

20 AÑOS, 6 MESES, 10 DIAS

Yo regresaba de mis sueños
Con las manos vacías
Con los ojos cansados de vagar,
Con los labios marchitos;
Harto de construir ilusiones
Que morían antes de tomar forma;
Harto de amarguras y alegrías efímeras...
Aprendí a mirarme en el rostro de la soledad
Y a charlar con la noche hasta el hielo de la aurora;
A soñar sobre una flor marchita,
Y a reir con ecos de invierno.

Este era el espejo de mis días
Hasta aquella tarde... 16 de Mayo de 1979;
El sol suavizaba el contorno de las sombras,
El rumor del viento vespertino, se mecía en sus cabellos;
Su sonrisa iluminó mis sombras
Y la frescura de su mirada cristalina
Calmó el ardor de mis arenales.

Nos habíamos detenido
A la sombra de una pista de baile,
Afuera lloviznaba
Y ella tenía los ojos llenos de esperanza;
Aquella noche, sentí su cuerpo entre mis brazos
Como si acunara un sueño... un sueño tierno y bello,
Sentí que algo se abría dentro mío
Y que por esa puerta que ella había abierto,
Escapaban uno a uno mis malos recuerdos...
Mis tardes hastiadas, mi soledad
Y quizás un poco de mi tristeza.

Acaso fuera la demasiada soledad acumulada,
Pero necesité de su calor, de sus palabras
.... de ella misma;
la sentí cerca,
las luces del salón brillaban suavemente en sus ojos,
la besé.

Tal vez no debí hacerlo…
¡ Perdóname Dios, por haber nublado
su primera mirada de Amor ¡
yo, que era sólo otoño triste… arenal sediento,
¡ Perdóname ¡ pues si es culpa tener sed… la culpa es mía¡

Cómo no haberla amado
Si era como el rocío sobre mis labios secos,
Cómo no haber reido con ella
Si en su mirada había ternura… ¡¡ Cómo ¡¡

Aquel beso de niña, me abrió el corazón,
De pronto me sentí renacer
Aquello que no podía ser… era.
Así entró ella en mis ojos,
En mis recuerdos nuevos.

Nos llevábamos tan bien, y eso en mi caso era excepcional,
Tan difícil de lograr;
Era hermoso sentir
La dulce lluvia en nuestras cabezas,
Sus labios alegres dentro de los míos.

Te das cuenta?
Ella me ofrecía Amor, un amor simple, hermoso
Y yo a cambio, daría un mundo triste y solitario
Un mundo que envejecería sus sueños.
Su sonrisa iluminó mis sombras,
Sentí que mi soledad vestía sus últimas galas;
Que mi vida se llenaba paulatinamente
De luz… de una luz hermosa

La amaba locamente
Buscaba su compañía y su risa clara,
Todos mis recuerdos se hicieron un solo;
La lluvia leve, la brisa lenta,
El bordoneo de una guitarra… un poste, una calle
Todo esto eran variaciones de un mismo todo: ella.

Quizá comprendas lo que significa
Aquél amor puro y sincero
Del que uno es capaz
Solamente una vez en la vida,
Cuando se vuelve a creer en la esperanza.

Tal vez la amé poco
O quizá la adoré demasiado,
Pero amé y fui feliz
Con ella compartí sueños, ilusiones… y sobre todo
Mis versos trasnochados,
Los poemas que jamás nunca, había escrito yo antes

Fue lindo, sí
Pero también era lógico que aquello
Como todo lo hermoso, termine un día.
Quizá tuvo la culpa aquél mi cariño loco
Que la amaba desesperadamente,
Que soñaba con ella, que la deseaba
Y que la hizo mía… ¡ Sí, mía ¡
Ella podrá no quererme, pero jamás olvidará
Que fue mía una noche
Y que otro amanecer estuvo en mis brazos
… No, jamás lo olvidará ¡¡

21 AÑOS, 5 MESES, 3 DIAS

Cómo fue el fin?
Aquel día… un 9 de abril de 1980, la ví;
Ella se veía frágil y seria,
Cuando la besé, sentí demasiada fría su mejilla bajo mi beso.
La tarde estaba triste… presentía,
Fue terrible y dolido su tono cuando me habló
Y luego su media sonrisa piadosa, que intentó disculparlo;
Pero ya estaba dicho
Todo era claro para mí, aunque no lo entendiera
Ni entiendo sus razones aún.

Aquél día volví a vivir,
Todo aquello que se repetía dentro mío
Después de tanto tiempo;
No quise echarle en cara, la desilusión
De otro dolor que había creído olvidar a su lado;
Quizá tenía razón,
Lo nuestro fue breve;
Tal vez no hubo el tiempo necesario para que fuere
Todo lo hermoso que pudo ser.
A su lado me había sentido capaz
De confiar en un cariño y de retribuirlo;
Y ahora, sus palabras, eran la confirmación
más dolorosa de todo lo que yo había creído superar junto a ella;
Y esta confirmación, me volcó
Sombríamente sobre mi vida anterior:
Endurecido y solo.

Ignoro el tiempo que pasó de esta forma,
Sólo sé, que se repetía en mis ojos
Como la lluvia que golpeaba mi ventana
O como el paisaje de la calle solitaria.
Y luego, tarde tras tarde,
Yo seguía persiguiendo recuerdos,
Imaginando retornos… soñando besos,
Pero todo… inútil
Sus respuestas se quebraban,
mellando mis esperanzas.
Comprendí que la palabra: "empezar de nuevo…"
Era tan mentira, como un río sin agua.

Tal vez pensó que un mal recuerdo
Es algo sencillo de olvidar,
Pero ella me conocía
Y había palpado mi soledad;
O quizá no advirtió, que iba a devolverme
Mas dolorido y sombrío
Mas silencioso y triste, a mi vida de antes;
Aquél "No te quiero" de una tarde de Septiembre,
Me hizo mas daño del que ella calculara
Y a la vez fue doblemente doloroso,

Pues apagó la única luz que encendía mi sendero
Y me hundió en la oscuridad de mi soledad.

Perdóname que diga estas cosas,
Tal vez sea este frío que ha comenzado
A morder mis versos,
O quizás aquella luna que se esconde
Y luego sale, jugando con mis nostalgias.

Esta nueva desilusión ha puesto sus garras
Sobre mis mejores recuerdos…
El otoño huanca, el de la llovizna fina,
Aquellos paisajes de la ciudad universitaria
Que conocen mis pasos y escucharon mis besos;
El leve frío que nos invitaba al abrazo,
Las charlas a media voz, las tazas de café humeante;
Todo eso ha sido ella,
Su compañía y su sonrisa,
Lo que yo amé por tan poco tiempo a mi lado
Y que ahora sigo queriendo a la distancia.

Me esperan aún muchos caminos,
Nuevamente ayudar y ayudarme.
Hoy llegan a su ocaso
La larga estela iluminada de mis versos enamorados,
De aquellos que reían ante su ternura;
Pero dime:
Si ella hizo de mis letras
Frescura de lluvia sobre mis hojas sedientas,
¡ cómo no haber musitado
aquél rocío de voz sobre sus oídos secos¡
¡ Cómo no haberlo hecho
si ella me dio amor, como se da una risa ¡¡¡

Perdóname hermana, estas líneas
Que quizás hieran tu alegría… ¡ Perdóname ¡

Desde hoy, serán mis versos
Como el titilar de las estrellas solitarias,
Que sólo brillan de vez en cuando,

Serán como las arenas ante el sol...
Hastiadas en cada pentagrama,
E indiferentes ante cada nostalgia.
Por qué he de escribir mas al amor?
Mi amada se fue,
Partió al misterio del olvido;
Ella, que iba conmigo de la mano,
Es hoy tan lejana...
Que ya ni su sombra quiere calentar a la mía.

Todo es inútil,
Inútil mi tristeza,
A ella ya no la mueve mi dolor,
Pues el olvido cerró su corazón...
Ya en sus pupilas yo no me veré
Pues un capricho puso la noche en ellas
Y llenas de noche están...

Desde hoy, serán mis versos
Como el agua en el arenal...
Perdidas en el hastío.
Habrá risas en mis labios,
Y alegría mundana en mis gestos
Pero una lágrima... eso ya nunca
Por quién? ...... Por qué?

Hoy ha muerto mi sensibilidad pura
Y ha nacido de entre sus cenizas ... el hastío

Hyo. 16 de Septiembre de 1980

Esta es la historia de un adiós:
Hermana, léelo con el corazón
Pues es una historia que no te la deseo a ti.

NOSTALGIAS

> … Voy a vender un mercado
> entre tantos mercaderes,
> para vender esperanzas
> y comprar amaneceres… (Mocedades)

Alguna vez, caminamos tomados de la mano
Hacia un mismo cielo,
Buscando un mismo sol;
Alguna vez también,
Compartimos cosas amadas,
Un pequeño mundo con tu sabor y el mío:
Alguna calle bajo la lluvia, una sonrisa,
Una canción…. un poema.

Fue como arribar a una misma puerto
Desde dos orillas diferentes;
con nuestras barcas de sueños parecidos
Y con la dulce ilusión de ser felices.

Y como siempre me pasa,
Sufrimos un mismo naufragio.
Yo sé, cuánto pesa la mirada
Cuando está infinitamente cansina;
Sé cuando unas lágrimas rebeldes
nos taladran desde adentro;
Yo se,
Que estamos hechos
De barro, nostálgico y solitario
Sé también, que alguna vez sonreímos al amor,
Que reímos por sueños que hoy….
Que hoy nos robó la vida, de un doloroso zarpazo.

> "… Vendo en una cesta el agua,
> la nieve en una hoguera;
> y la sombra de tu pelo,
> cuando inclinas la cabeza"

07.01.81

ANSIEDAD

¿Qué crees tú que haga yo
cuando tus labios vuelvan a gustar de mis besos?
¿No lo sabes?
Pues te lo dirán mis letras vestidas de tí,
Aquellas que respiran tu aire,
Cuando tu ser se acurruca al mío;

Te lo dirá mi alegría
Cuando se ensanche en sonrisa
Para abarcar tu inmensa mirada de amor;

Te lo dirán mis fibras,
Cuando trémulas
Tiemblen al roce perfumado de tu cuerpo

Te lo diré yo… en un beso arrollador,

¡¡ Estoy lleno de ti… y me gusta estarlo ¡¡¡

21. de Mayo 1981

RETORNO

Que soledad se respira en estas tardes solitarias,
Qué melancolía en el aire que se encrespa en mis puños,
Qué lejanas aquellas horas, llenas de tu alegría,
¿acaso el sol te extraña cual si yo?
O quizás tu ausencia contagia este sentir mío?
No lo sé;
Pero sí sé que estando tú junto a mí,
Se disipan una a una mis melancolías
Y la sonrisa de un "te quiero",
Cambia la luz de mis ojos...
pues la hace mas luminosa,
y se despliega en torno a mí...
El sabor de tu presencia... aún ausente.

Mira cómo juegan mis letras
Cuando les hablo de ti,
Mira, como sonríen mis versos
Si tu recuerdo les empaña

¿Acaso presientes ellos
tu pronto regreso?

      ¡ Sí ¡ …. ¡¡¡¡ Lo presienten ¡¡¡

mira cómo se me aloca el pulso
esperando tu retorno
y cómo me tiemblan los labios,
y cómo suspira mi pecho

      ¡¡¡ Vuelve ¡¡¡

22 de Mayo de 1981

MIRAME

Mi silencio se vuelve poesía,
Y el pétalo azul de la noche
Busca el viento para tocar tu oído

Mírame...
Sin ti, la soledad sellaría en mi boca
Los surcos de una última tristeza
Sin ti,
No tendría, sobre que huella apoyar mi sonrisa
Mis ojos te buscan,
Mi voz necesita de ti...
Para cantarle a la vida;
Y mis versos
Añoran el calor de tus labios,
Cuando perfumas estas líneas
Con el sonido de tu boca

Te amo tantas veces, tanto,
Como ama el cielo infinito
Al sol que abriga sus nubes;
T'amo, en el encanto de tus ojos a mis ojos,
... en tu tristeza y la mía;
en el silencio sincero que acaricia
la alegría de estar juntos.

15 DE DICIEMBRE

En la dulce melodía de una vieja guitarra
quisiera darte a beber,
La alegría de aquella rosa
sedienta de auroras.

Para ti: flor de estrellas…
Ternura que arde
En el lirio naciente del infinito,
Para ti: destello de luna…
Preciosa hoja que el viento juntó al otoño;
Y aquí te siento hoy
16 de diciembre –
en la humedad de mis penas
y en la cascada de mis alegrías
te siento… dentro de mis ojos,
y siento: en mi noche angustiosa: tu mirada
en mi soñadora senda: tu sonrisa

Aquí me tienes,
Henchido el ser, cual trino en el lucero;
A través de la escarcha y la neblina,
De corazón al infinito…
Buscando purificar mis ojos en tu mirada,
Soñando darte en un suspiro mi aliento a beber,
Siendo feliz si lo estás tú.

T' AMO

ALEGRIA

Liz Laurita:
Pedacito de luz hecha amor,
Terroncito de miel y azúcar que endulzas nuestra vida,
Llegaste a nosotros,
Como una dulce brisa, de cálidas melodías,
Como el descubrir de la sonrisa que revienta en alegría;
Como el dulce despertar de dos almas unidas por una ilusión.
Llegaste para ser el principio de todo,
nuestro milagro de vida,
Y la esperanza de nuestros días y nuestras noches…
Que ya desde hoy, no serán las mismas.

Cuando escucho tus gorjeos retozando en mi corazón,
Soy el padre más feliz del mundo y del universo
Cuando escucho reventar la cascada de tu cristalina risa,
Todo cambia de color y sabor…Es felicidad¡¡¡

Cuando me veo en tu mirada de paloma y rocío,
Cuando gozo de tus chapoteos de cisne,
Cuando tus pasos abren el horizonte de nuestra mirada…
Soy feliz, y rio y amo, y le canto a la vida,
y nada es mas grande ni precioso que sentir,
tus latidos en mi corazón.

Has llegado a palpitar junto a nuestro corazón,
Con la primavera radiante de los ángeles;
y el celeste cielo de tus pasos
nos abre a ver, mil sueños en tu mirada.

Hoy, mi vida es acariciar cada dia una alegría,
Inventar canciones para tu alegría,
Ahora sé lo bueno que fue soñarte,
Lo hermoso que es amarte niña mía, pedacito de cielo.

Llegaste un Agosto 27
A revivir el cansado andar del tiempo,
Y has convertido cada mañana en una aventura sin fin.

Cada día puedo notar por el brillo de tus ojitos,
Que serás una mujer encantadora,
Un sueño de ojos traviesos y angelicales,
Con tus cabellos trigo en alegre alboroto.

Y tu luz crece en nuestra mirada,
Y tu arco iris colorea nuestra aurora,
Dibujando cada minuto, de dulces y risueñas anécdotas…
Que aumentan el manantial de nuestras vidas.

Mira cómo se alegran los cielos con tu sonrisa
Y cómo te imita el arco iris
En el pentagrama de amor que dibujas,
En nuestros corazones

CUANDO TU NO ESTAS

A Liz Laurita

Yo sé que el mundo es diferente, desde que tú estás
Lo veo cada día, cada hora, cada minuto
Lo veo en tu risa y en tu alegre jugar,
Lo siento cuando tus manitas menudas, hurgan en mi pecho,
Buscando mi feliz corazón;
Cuando escucho tu alegre balbucear,
Cuando dijiste tu primera palabra

Sé que nada sería igual sin ti,
Si tu no estas…
El sol no brillaría cada día
Su calor se convertiría en frio helado,
La luna no saldría a peinar sus cabellos cada noche,
Ni podríamos verla en sus reflejos de plata,

Cuando tú no estás…
Cada estrella se caería a los abismos del dolor,
El manto del frío acabaría con todo el calor de mi cuerpo,
Hasta el aire que respiramos
Se ahogaría en nuestras voces sordas

No nos dejes hijita linda,
Pedacito de mi corazón,
Lucha!!! Porque tienes nuestra fuerza en ti
Sé que vencerás siempre
A la muerte y la enfermedad
Porque llevas en ti,
La fortaleza de nuestra familia, que ora por ti

Sé que volverás mañana
A seguir dejando tu alegría en el andar de tus piececitos
En la cascada de tu risa infantil y deliciosa,
En tus travesuras sin fin,
En cada palpitar de nuestros corazones.
Te amamos sin principio ni fin

Te amamos mucho antes de que llegaras,
Y seguiremos amándote cada día de tus días
Te amamos cuando escuchábamos tus latidos,
Cuando te veíamos en nuestros sueños,
Cuando te sentía crecer dentro del universo de tu madre,

Y luego llegaste tú
Llevándote todas las miradas
Todos los sueños,
Todas las caricias,
Todas las sonrisas

Que pasaría con todo este mundo
Si tú no estuvieras aquí?
Quien nos devolvería nuestras miradas
Quién las sonrisas?
Quien nos dará nuevos sueños?

Te veía malita hijita de mi corazon,
Y el calor crecía dentro de ti,
Así como la desesperación en mi pecho
Y todo se oscurecía dentro de mí
Llenando todos mis espacios de dolor;
Verte así me partía el alma
Y se iba mi vida junto a la tuya,
Cuando tu cabecita cayó sin fuerza;

Y luego el tiempo…
Sin horas, sin minutos, sin nada;
Esperando un desesperado temblor,
Que espiaba desde el fondo de mis manos,
De mis piernas, de mi todo.

Y alguien que viene inexorable, oscuro
Y le vemos la sonrisa cansada… no teman…ya paso.
Gracias Dios por devolvérmela,
Gracias por darnos nuestra luz
Nuestro calor, nuestra vida,
GRACIAS!!!

UN 20 Y FUE OCTUBRE¡¡¡

Para Andrea

Fecha llena de amor e infinita dulzura,
Vi por primera vez unos ojazos en un rostro angelical
Que me robaron todos mis latidos, todo mi ser.
Nació…
Mi niñita preciosa, mi tesorito encantado,
Mi princesa vestida de ternura.

Te amo, mi bebecita…
con la ternura infinita
De un beso de miel,
Con la alegría sincera del rocío cantando al alba;
Con aquella dulce música del sol cuando amanece.

Te amo, y te amo así,
Como ama la vida, el paso lento de las horas,
Te amo hijita de mi vida,
Como ama al rosal, el perfume que exhala al cielo.

Viniste a mi,
a mojar mis cansadas sienes,
Con la esperanza viva, de tu travieso andar,
Y te respiro en mi corazón y te veo en mis ojos,
Y crezco contigo nuevamente niño,
Nuevamente travieso, nuevamente feliz¡¡¡.

Te amo hijita linda,
hijita de mi corazón,
y se alegra el crepúsculo con tus inmensos ojazos,
y brilla el sol, despeñándose de su cama de nubes,
y canta el agua con su voz y rumor de sonrisa

así… como no amar el alba radiante?
Como no jugar con los cabellos del arco iris perezoso?
Como no beber la espuma del mar en el vaso del sol?
Y en tu sueño amada bebecita,
El tiempo se enfunda de paz, y se duerme
En el regazo de cada tarde, de cada dìa
De cada sol y de cada luna
De mi y de todo mi inmenso corazón.

Siempre al alcance de mis ojos,
Al roce de mis horizontes
Al pie de mis esperanzas
Mirando tu rostro de cielo azul,
tus ojos de constelación y estrellas
te amo mi bebecita linda.

RAMILLETE DE LUZ

Quisiera darte a beber de mi propia aurora
la alegría del sueño que no tuve;
y Acompañarte junto a tus luceros,
desde tu sangre de piedra dolorida,
hasta mis sesos metidos entre los puños¡¡¡

Flor de estrellas, ramillete de luz.
Me parezco al clavel que arde en la floresta virgen,
al árbol que madura temprano,
a la ternura nacida de un lirio…al Fuego¡¡¡

Tengo henchido el ser todo de auroras,
Y aquí te siento, de corazón al infinito
Como el destello de luna,
en el espejo de nuestras letras.

Soy un Soñador pálido,
En mi senda: tu estela de amor
En mi noche angustiosa: tu luz
En mis besos: tu mirada
En mis penas: tu sonrisa.

Así, a raudales, así a cascadas
Se ha inundado mi pecho de tu luz;
Eres mi ramillete de flores, que por cielos y tierra,
derrama sus estrellas…estela de amor.

Un suspiro,
Un beso,
Un gemir latente... una entrega.

SUSPIRO

Bajo mis fibras, retorciéndote trémula
Rendida al placentero goce del amor,
Retozando entre mis manos
Tus níveos senos,
Emergiendo de las sedas, tu cuerpo
Convulsionado en el espasmo ardiente
De un suspiro supremo

Tu boca, nido de cerezas
Donde se diluyen felices, mis labios
Al roce electrizante
De tu sabrosa lengua

Tu cuello, nacarado, terso y albo...
Catarata embriagante de placer,
Que desciende hasta el final de mis ojos

Y mi ser en tus entrañas, Poseyéndote,
Arando en tus surcos sedientos
Sembrando en tus espumas...
La llamarada de mis suspiros

En medio de la tormenta de latidos
Tensa mi barca...
ondulando tus fibras,
Que se abren anhelantes....
Como la tierra a la lluvia, luego de larga sequía.

El amor nos recorre hasta los huesos,
Y se nos enciende el grito que tuvimos helado;
y a su pregón, claman nuestros cuerpos
buscándose anhelantes y se hallan nuestras bocas,
desde lo más alto de los mástiles del deseo,
sellando el minutero de nuestros sueños.

Dentro de la inmensidad de lo infinito,
Dentro de la crudeza del frío intenso,
Dentro de la soledad del viento en las peñas…
Lo inolvidable, lo puro, lo eterno: Tú

Lo inolvidable… tu risa, tu alegría, tu sonrisa
Lo puro…. tu amor, tu entrega
Lo eterno …. tu presencia en mi vida
Lo mío: Tú

T' amo

EN LA DISTANCIA

Te amo desde aquí….
En la distancia,
Sobre las mismas estrellas
Que cantan en tus pupilas
Y danzan en las mías,

Te amo desde aquí,
En el sol que te acaricia y juguetea en tu piel
Y que curioso, asoma a mi soledad
Desplegando mi cálida inspiración.

Te amo desde aquí,
En mis pensamientos, que desesperadamente
Forman extensiones hasta los tuyos;
Y se desperezan y se enlazan…
Y se entregan mutuamente entre sí,

Te amo…. minuto a minuto,
En el tiempo y la distancia
En cada risa y cada lágrima;
En las nostálgicas pisadas
De mis pies sin rumbo,

En… y sobre el ruido cantarín
De la tarde dominguera
En… y dentro del silencio acogedor
De la triste iglesia blanca.
        En el recuerdo y el presente
Te amo en mí y en ti….
T'amo

SANDY:

Dulce corazoncito de miel
Frescura de viento tranquilo,
amanecer suave y sereno;

Risa campaneante de horizonte feliz,
que se desliza, cual río alegre y saltarín
entre cada uno de nuestros días;

Nos iluminas con tu cantarina voz,
Con el sonido de tus lindos pasos;
Y el eco de tu mirada clara,
Es como si Dios se manifestara
Tocando el arpa y el violín
En la lluvia y en el arco iris de su creación.

Dulce corazoncito de miel…
Brisa de mil juegos matinales,
Felicidad que se eleva a nuestros ojos
Palomita en un cielo de alas,
Espiga de amor dorada por el sol.

Cuando abres tu mirada
como espejos de agua tranquila, agua limpia,
nuestros corazones sonríen
y el mundo vuelve a nacer feliz y rotundo
llorando la alegría de ser tu cuna, tu canción

Yo te miro mucho, y no me canso de mirarte,
Gracias por llenar nuestras vidas
De diarias sorpresas
Por mantener nuestro corazón, lleno de tu alegría
Y Por hacernos felices día a día,
con tu crecer y florecer,

Sandy:

¡¡ FELIZ CUMPLEAÑOS MI AMOR ¡¡

LIZSY:

¿ I maginas tú, que mí pensamiento,
  Zumba, ríe y canta, cuando tu recuerdo
  Se perfila en mis pupilas? …
¡¡ Yo sé que me amas, y que nadie más
  Navega en tu corazón;
  Así como tú sabes que te adoro y te amo, y
  Ni la distancia, que es
  Cruel, ni el tiempo que es inclemente…. ni
  Yo, puedo tapar el sol con un dedo …. Sí amor

            ….. SI TE AMO ¡¡¡

CORAZON SIN ESPERANZAS

No hay nada mas triste que un corazón sin esperanzas¡¡¡

Canta un ave, y su arpegio es un sollozo,
La tarde nos contagia su tristeza añil
¿sollozas?
Es el alma del paisaje que embriaga nuestro espíritu.
Sobre un cielo de alabastro,
Hoy ha muerto el sol.
¿Qué es un corazón envejecido que no ha amado?
Una ruina sin motivo, un despojo sin fin.

Contemplando el horizonte, aún espero
El sol de la esperanza que vendrá y calentará nuestra mirada.

La felicidad existe para nosotros en forma de dolor,
Bajo la influencia de ciertos sentimientos,
En ciertas horas de infinita melancolía,
Nos sentimos en tan perfecta armonía con la naturaleza
Tan cerca de las cosas, que casi nos sentimos diluir
Y desaparecer en ellas.

¿Por qué el amor nace tan dulce y se hace luego tan fugaz?
¿Por qué nos acaricia primero y nos mata después?
Tus recuerdos me acarician suavemente,
¿Es posible que esto no sea amor?
¿Es posible que vivir lo que vivimos
y sentir esto que me quema dentro no sea Amor?
Sí lo es, Y tú lo sabes.
Aún siento en mis labios
El sabor de los tuyos,
Y en mis mejillas
El calor de nuestras lágrimas,
¿Es posible que no sea amor?
¡Sí lo es¡

¿SABES?

Ahora que siento la lluvia, caer sobre mí
Y que escucho tu voz
En medio de otras tantas voces;
Recuerdo este gran sentir,
Que se me pega al cuerpo
Como una piel dentro de tu piel.

Se me termina el cigarrillo
Se me acaba la luz…
Vienen nuevamente las sombras,
Cae de nuevo mi doliente corazón,
Al féretro que cargan los dolientes perros;

Y siento que este papel arrugado,
Y estas letras tan antiguas y roncas,
No pueden gritarte lo que te amo;
Pues las palabras son cortas
Y el papel queda chico,
ante mi gigantesca voz:
¡ T' amo ¡

YO TAMBIEN APRENDI DE TI

Te volví a conocer un 16 de Mayo, día maravilloso y especial
Un día esperado por tanto tiempo,
Un día que volvía de mi tienda desierta y árida
Un día que te buscaba en cada rincón y dentro de cada corazón,
Pensando que no existías, y entonces supe que entrarías en mi vida…
Tan fácil que ni yo mismo comprendía.

De pronto me di cuenta que ambos podíamos parar el tiempo en un beso,
Contra las horas y los minutos, poníamos sólo nuestros labios ansiosos,
Y todo quedaba quieto, petrificado, congelado, solos tu y yo…besándonos;
Y con solo nuestras miradas, llenábamos cada milímetro de nuestros cuerpos
Y de nuestras almas.

Tampoco sabíamos que nos íbamos a amar tanto,
Y por tanto tiempo…
Y luego sí…llegó la monotonía de los días, los meses, los años;
Muchas lunas…mi costado ausente de tu calor,
Tu poca presencia que dolía
Tu desconfianza que nos hería sin querer…
Tanto que nuestra entrega se volvió una herida,
Una herida crónica y helada,
Una falta de ti en mis noches largas y solas.

Aprendí de ti
Que podía vivir sin tus besos,
Que podía cambiar el sonido de tu voz, con escribir un mensaje,
Que podía aguantar el frio de la noche sin el calor de tu aliento,
Que mis oídos podían dejar de oír un Te quiero saliendo de tus labios,
Que tu corazón podía enfriarse tanto que sigue doliendo.

También aprendí,
Que podía gritar para adentro, sin voz ni lenguaje
Todo lo que te extrañaba y te amaba.

Aprendí a vivir en un mundo sin tu luz ni sonido,
Sintiendo siempre y para siempre…
La daga de tu desconfianza en mis entrañas.

Aprendí a ver caminar al tiempo
Sin pies ni horario,
Y que se secaran mis ríos, Y se apagara mi volcán;
Y que mis paisajes se tiñan de noches, sin auroras ni sol
Que mis estrellas cambien de dirección y
Caigan en el foso profundo de la soledad.

Reaprendí a desconfiar de la gente, que me miraba como un demente,
A alejarme de todo y de todos,
A caminar sin rumbo ni distancia, sin buscar huellas que seguir,
Ni manta con que abrigarme;
A ver sin mirar,
A vivir sin respirar
Me enseñaste eso y mucho más…
Eso y mucho más…Lo aprendí de ti.

REMEMORANDO UNA LIZ

Me recuerdo… cantando con tu voz,
me recuerdo… mirando con el cristal de tus ojos de trigo;
me recuerdo… respirando tu sabor desde el fondo de mi alma…
Eras el gozo que revienta en sonrisa y se despeña en risa.

Te recuerdo… con tu guitarra al viento,
desgranando la marea de nuestras ilusiones…
matando mi aciaga soledad;
en el eco de tu cantar, rebotando en mi memoria.

Recuerdo tu luz, tocando en los cristales de mi corazón.
Un día, una noche, una espléndida mañana dorada;
Pero antes fue la noche y sus fantasmas,
la pesadilla de perder tu sombra en la mía;

Y despertar retorciendo el reloj preñado de horas muertas,
llevando en el alma la sonrisa fría de tu mirada
y el hielo de tu incomprensión pegado en la piel.

Dormir y levantarse bostezando cada gris amanecer,
Pasar el día tratando de atrapar –inútilmente- el canto de los pájaros,
Abrazando las flores para sentir su perfume,
Buscando un gesto, una milésima de luz, en la esperanza rota;

Adelgazando las rendijas de la duda, para que desaparezca
Tratando de prender un poco de luz, en tu apagado pecho,
Inventando una brisa fugaz
un resplandor de amor entre el follaje de tu enmarañado corazón.

Nosotros, a la deriva…
con tantos amaneceres delante,
Con tanto brío, tanta locura,
Andando a ciegas, pero tomados de la mano. (Dulce esperanza)

<u>Por qué así?</u>

Es que acaso tú sentir
Cuenta no se da
Del dolor que flagela a mi costado
Con el frío de tu ausencia?

O quizás no sientas
Que el frío del hastío, cala mis huesos?
Por que ahora, el reloj no palpita su tictac alegre
Y al contrario ríe una carcajada de dolor?

Al llegar la madrugada
Te quiero noche y día
Con locura, con miedo y ternura.

Silencio…

ETERNIDAD

Hace mucho tiempo, hubo un antes... vacío y triste,
hasta hace muy poquito, existió un después,
Lleno de flores y antorchas encendidas.
Y luego...la nada.

Hoy, durante este tiempo fuera, estoy ya sin aliento ni fuerza,
extinguiendo mis ilusiones, junto a las sombras sin luces.
Oigo el repiquetear de tu lengua, que filosa hiere mi sentir,
En el centro de mis pasos perdidos.

Camino con pies lentos, cansados de tanto correr tras mis fantasmas;
Se me llenan los oídos de venenosos dimes y diretes;
Las preguntas se apretujan en la mente, en mis ojos... una mirada;
en mis labios, respuestas sin razón ni motivo, enmarcando... una
antigua sonrisa nostálgica

¿Hasta cuando vagaré por estas calles sin nombre?
Un bar, un vaso y yo, hastiado de brindar con la nada,
Inundando mi garganta de fría hiel, licor sin sabor ni color,
Sin sol ni sombra.

Y sigo...
Al viento la melena, ahogado por el aire que hiela mis falanges...
Navegando sin boleto, sin timón ni remos.
Según Vos,
El barco de mis deseos surca el mar,
Buscando en puertos que no existen,
Playas donde ir a descansar mi ebrio pincel.
¿Será mi soledad, acaso un trofeo de guerra? ¿Ganaste?

¿Cuál es mi norte?
A veces, mi tristeza se aleja,
Ya no la escucho susurrarle al alba, el cántico que nos hacía soñar;
ya no juega con el reloj de la madrugada,
La una pasó de largo y se murió, Y siguen detrás de ella,
Las demás horas en agónico cortejo fúnebre.
Mis tristes días, se regocijan de que no haya esperanza...
como si alguien muy querido hubiera muerto;

Mis pecho vacio y yerto, mi lecho desierto y árido,
y mi mente danzando un absurdo concierto de ballet inconcluso.

Y Mis letras????
Olvidadas en el rincón de tu amargura
se unen y forjan un desconcierto total,
que se agita y grita en este mareado verso,
de sombra y despedida… de retorno y amanecer
¿acaso preferiría mi alma estar muerta?

Hasta cuando resistiremos este andar separados,
Cuándo volveremos a mirar el mismo sol, la misma luna?
Cuando respiraremos el mismo amanecer?
Cuando comeremos el uno del otro?
Cuando? Cuando?

Recuerda…
Eternamente tuyo, eternamente mía
¿por qué no dejamos todo y nos alejamos en el vacío?
Un vacio lleno de ti y de mi,
Un vacio con tu mirar en mis ojos,
Con mi cantar en tus labios,
como antes, como después… Como siempre.

SINFONIA DE AMOR

Más allá de las leyes y los credos,
donde sólo puede verse con la mirada de los elfos,
allá te espero, amada esposa,
desnuda de tabúes y de miedos,
descalza y voluptuosa…
Ardiendo de amor en la hoguera roja de nuestras ansias,
dulcemente amorosa¡¡¡

El tiempo…
hila las horas, minutos y segundos,
retorciéndose en el lago de nuestra pasión,
surfeando una oleada de versos que van y vienen…
de orilla a orilla.

Una luz sobre el radiante espejo,
descansa medrosa y calma
y en el claro de luna de tu pecho…
pronto se alzarán los navíos en banderilla.
a navegar los mares de tu amado cuerpo.

Quiero ser para tí,
el abrazo eterno del viento,
el río que se despeña murmurante y feliz,
remolcando mis suspiros, de labios rebeldes y traviesos,
Jugueteando en tu sonrisa de fuego.

Quiero…
Estar en el vuelo del zorzal que te canta al oído,
En la alondra que abraza con su ala, tu contorno soñado;
en la primavera que busca sus mejores galas para vestirte de flor,
en la luna que acaricia tu frente amorosa.

Ser el norte y el sur, el este y oeste, de tu caminar,
ser el mediodía y vagar hasta la medianoche en tu canción de amor;
tu presente y tu futuro, en cada respiro de tu pecho…
en cada huella que dejas al andar,
en cada amanecer y anochecer pegada a mi corazón.

COMO ANTES, COMO SIEMPRE¡¡¡

Tu sombra es mi santuario amado
Tus huellas son mi faro y mi luz, para seguirte
Tus latidos creciendo cada día dentro de los míos,
Tu mirada dulce y suave, sí…lo siento así
Tus manos caminando sobre mi pecho, dulce caricia

Mis dedos, perdidos y ciegos, buscando tu cálido cofre
Mis sentidos enloquecidos, sin dominios ni tiempos
Seduciendo, acariciando, deseando, diluyéndome en ti
Dibujando en tu piel un paisaje lleno de caminos,
Que llegan hasta el cielo de tu delirio.

Te siento así…
Como antaño,
A veces dulce y suave, como el arrullo del viento
A veces apasionada y soñadora…
Como la fogata que se mece en el viento;
A veces silenciosa, con tu voz escondida
O amante y risueña, como cascada de Junio

Y yo…
Extasiado y cálido,
Rodeando tu pecho con mi inmensa ternura
Te contemplo, explorando tus pensamientos,
Hurgando en tus besos,
Mordiendo tu sonrisa…
Acariciando tus recuerdos,
Soñando contigo…como siempre.

LA NOCHE ES MIA

Solo mía
Para soñar cada minuto, solo dentro de mi,
Para derramar ríos de luz sobre mis ojos,
Para sonreír recordando tu mirada de la mañana
Para decirle a tu oído ausente, todas mis cuitas y mis secretos,
Para despertar madrigal, con hambre de ti.

Sabes que la vida son momentos?
Esta noche pienso demasiado en el día que pasa;
En el nocturno de un minuto, que nos regala
Algo que no volverá nunca: sus palpitantes segundos;
Y yo … enamorado de mi insomnio,
Cortejándola en cada letra que suelta mi pluma,
En cada canción sin sonido de mis versos,
En cada pentagrama ciego de mis letras.

Esta noche es mía y sólo para mi!!!

AQUÍ ESTA MI CORAZÓN

Aquí esta mi corazón para hacerte feliz,
No hay nada que no pueda hacer,
No hay lugar ni recodo al que no pueda llegar,
Tengo alas y luz para seguirte a donde vayas,
Siempre yo, siempre para ti.

Para quitarte esa soledad,
Para darte esa sonrisa que se despeña en risa,
Para iluminar tus ojos,
Para escucharte interminablemente, hasta el fin de los tiempos
Para amarte sin comienzo ni fin,
Para ti, solo para ti.

Una vez más, confía en mi
Que tu estrella viaje hasta mi, a traerme tu espíritu de luz,
Yo te daré mi fuerza, mis latidos, mis sentimientos
Todo mi ser.
Mi vida, mi agonía, mi llanto y mi risa
Mi luz y mi oscuridad
Todo de mi ¡¡¡

Aquí estoy yo,
Junto a ti, sintiendo tu calor
Gozando tu ternura de miel,
Entregándote mis ojos y mi mirada,
Mis risas y mis lágrimas,
Mi hoy y mi mañana.

Aquí están mis pasos, que van a tu costado;
Aquí están mis manos que se aferran a tu sombra
Y que no te soltarán al caminar,
Aquí mis sueños y mis auroras
Mis suspiros llenos de tu aliento…
Solo por ti, solo para tì.

HIJITAS DE MI CORAZÓN

Cuando en sus mágicas noches de pensamientos iluminados,
Se enciendan sus nostálgicos recuerdos, de sueños, de logros... de vida
Y se regocije su corazón, con muchos pasos dados hacia delante;
Cuando se echen a volar sus celebraciones por muchos sueños hechos realidad,
Cuando el éxito discurra por sus maravillosas vidas;
Cuando transcurran las horas, minutos, segundos
Y luego fugazmente, así como llegaron,
esos momentos exitosos se irán perdiendo en el tiempo
y muchas veces ustedes no se darán cuenta...
Por que muchas veces nos ciega el brillo feliz de esos momentos fugaces.

Y Cuando sus vientres salten por el milagro de una nueva vida,
pequeñita y cálida palpitando dentro suyo;
Cuando transcurran por sus mentes, infinitos paisajes de momentos vividos,
con muchísimo amor...
Comprenderán al fin, lo que significa amar a la familia bella que tenemos;
Quizá también...
Muchas veces, vuestros ojos se enturbiaron con lágrimas de dolor y resentimiento, por algo hecho o que les hicieron en el transcurrir de vuestro camino; heridas que cicatrizaron y que están allí, para recordar siempre,
el pasado al que nunca debéis regresar.
Tal vez...
Entre nosotros, nos herimos sin querer, con los puñales de nuestro egoísta corazón;
O quizás... dentro del cariño que nos tenemos, a veces no comprendemos
El dolor que pasa uno de nosotros, o problemas que tiene otro,
y vivimos, mirando solo a la dirección que queremos ver...
y no con el cristal del ojo ajeno;
O quizás en su diario crecer, amaron y no fueron correspondidas,
Tal vez algunos besos se perdieron en el tiempo y en la distancia...
Quizá una lágrima resbaló por sus mejillas por un adiós temprano,

Y luego comprendieron que valió la pena ese sello del adiós,
y que no valió una sola lágrima suya, aquel amor
que fué apenas un espejismo en vuestro desolado corazón,

Pero…
También tuvieron momentos fugaces de gloria, que fueron…
Alegrías increíbles en su momento y que las envanecieron como un relámpago;
Pero que luego, esos atisbos de gloria se perdieron en el tiempo y en la distancia… Fueron pasos obligados en su crecimiento.
Recordarán, que nuestras riquezas materiales fueron muy pocas, y difíciles de lograr,
Y que todo ese sacrificio que muchas veces nos sacó de quicio, y que nos dejó encallecidas las manos…
No puede compararse con los bienes que Dios realmente nos dio y que
Serían la envidia del ser más rico y progresista.
Allí aprendimos que el dinero no lo compra todo, ni lo más importante,
Que es la felicidad del camino justo y fraterno…

Comprendieron también, que la vida está hecha de éxitos y fracasos,
De alegrías y lágrimas
De risas y llanto.
Está hecha de esperas continuas, de horas inútiles y vanas;
De sueños truncos y hasta de pesadillas cortas,
pero también de despertares maravillosos y de satisfacciones inmensas;
Y por eso… Vale la pena vivirla¡¡¡

Vale la pena transitar por todos esos recovecos que nos da
La esperanza ¡¡¡ con la ilusión de encontrar tras una esquina,
O tal vez tras la loma…
A nuestra vida satisfecha, realizada, contenta y feliz
Y confirmarán, que DIOS ha sido muy generoso con nosotros,
Con las cosas que nos concedió, así como con las que nos negó.
Sólo ÉL sabe la razón de ambas decisiones.

Recuerden siempre:
Cuando estén confundidas, preocupadas, doloridas y tristes;
Cuando se sientan solas, cuando piensen que la luz se opaca
Y que el agua que discurre por entre sus labios no las refresca;

Cuando la oscuridad invada sus pensamientos...y la noche se torne más oscura...
Allí estaremos nosotros, SIEMPRE ALLÍ, junto a ustedes;
Iluminando esos sentimientos negros, con la luz de nuestro corazón,
Ayudándolas a madurar y crecer, protegidas por nuestra cálida sombra;
Como el amanecer que rompe la oscura noche y la llena de claridad;
Allí... para enjuagarles las lágrimas y abrazarlas,
Siempre viéndolas...
Dulces pero duras, firmes pero flexibles, seguras pero no desconfiadas,
Amorosas y tiernas, como las flores con sus nuevos capullos.

Ustedes serán nuestros mejores recuerdos del pasado que se fue,
Nuestros apreciados momentos del presente, que hoy nos hace sonreír;
Y la ilusión y esperanza de nuestro futuro, que aun nos regala día a día la vida.
Disfruten su vida, hijas mías de mi corazón¡¡¡

Disfruten cada día de amor que pasen con nosotros,
Pues el calor que les damos hoy
las cobijará y alentará, cuando no estemos mañana.
Las amamos eternamente.

KIARIS

Dulce chiquita de chocolate,
Sabes lo que significas para nosotros?
Eres el agua y la tierra,
El sol y la luna... Eres nuestro universo¡¡¡

El día que naciste,
Cada estrella salió feliz para adornar tus cabellos
Y un hermoso arco iris, dibujó tu sonrisa;
Los ríos pintaron tus cabellos,
El diáfano cielo besó tus ojitos,
Y las olas del mar tus dientecitos de leche.

Significas la continuación de nuestra vida
El descanso en nuestro viaje
El agua que calma nuestra sed de ilusiones,
El motivo de nuestras alegrías.

Kiarita:
Nunca dejes de mirar con tus ojos llenos de esperanza,
Nunca niegues una sonrisa a cada día que amanece.

Cuando inicies tus gateos y luego tu dulce caminar...
Tendrás muchas caídas,
pero Nunca¡¡¡
Nunca dejes de levantarte y seguir adelante,
con más fuerzas y perseverancia,
Con ganas de comerte el futuro lleno de ilusiones¡¡¡

Te quiero mucho mi Kiaris amada,
Mis ojos siempre estarán iluminados con tu andar
Y mis pies seguirán tus pasitos para cuidarte,
Mis brazos estarán radiantes con cada abrazo,
Y mis labios sonrientes cuando te vea feliz¡¡¡
Te quiero mucho muñequita de papel!!!

THIAGUIS

Naciste un día de noviembre
Un día resplandeciente y lindo,
No importó ni el clima ni el pasar de las horas,
Ni el sol ni el frío
Ni el dolor que debió haber sufrido tu mamita
Al traerte a este nido cálido y lleno de amor.

Y desde entonces…
Cada día que te veo sonreír,
mi alma se vuelve pura expresión de ternura,
y cuando encuentro tu mirada pícara,
olvido todos mis problemas y me siento de nuevo abuelo
de nuevo padre, de nuevo niño.

Tienes que saber que tu llegada,
Pintó nuestras caras de luna llena,
Y nos crecieron las alas de mil alegrías juntas,
Y poco a poco, nuestro cielo se ha tornado
Azul esperanza…

Este poema es para agradecer toda la magia
y luz que le das a nuestras vidas
con tu mirada radiante y clara,
con tu sonrisa transparente y única

Déjame que te mire con ojos de niño,
Que juegue con tus manitos en mi cabello,
Déjame crecer contigo
Y volver a sonreír a los elfos y hadas,
A conquistar castillos y dragones
A capturar pokemones invisibles
en los rincones de mi corazón.

Quiero verte caminar en tu mundo chiquito y feliz
Construyendo casitas sin fin
Volando avioncitos de papel,
Jugando con mazapanes con sabor a miel y pan
Bañado en avena y yogurt
En salsa y bolitas de chocolate.

Doy gracias a Dios por compartir
Ese pedacito de mundo delicioso
Ese viajar día a día mirando tu ansioso crecer
Y verte cabalgar columpios y toboganes
Chapoteando en un mar de caramelo.

Y tus papitos soñando contigo,
Cantando tu bienvenida a todo pulmón
Formando muñequitos de plastilina en el parque de las ilusiones
Dando vueltas al tiovivo lleno de esperanzas
Gritando la llamada de la vida
En un beso inmenso, un beso paternal.

Diciembre 2016

GAEL

Aun recuerdo aquella tarde de Agosto
Que supe de tus latidos,
Juntando mis manos a la barriguita de
mi hijita corazón
te sentí palpitar¡¡¡
Sentí tus ganas de salir a vivir¡¡¡
Mi nietito lindo, mi prolongación de
existir¡¡¡
Y unos mesecitos después
esos latidos se hicieron luz, caricia,
alegría y felicidad¡¡¡

Quiero…
Un lienzo blanco para dibujar tu calma
un paisaje hermoso para compararlo con tu sonrisa;
Quiero escuchar los ríos y los vientos
Dentro de tu cunita de algodón;
Ver dentro de tus ojitos, la inmensa vida que llevas dentro,
Y cantar contigo cada palabrita de amor que sueltas al aire;
Quiero atrapar todas las ilusiones en la palma de tus manos,
Y que tus deditos de marfil
Sostengan el reloj del tiempo…
Y verte sonreír,
Con tus lindos hoyuelos marcando tu rostro,
Con tu mirada llena de caminos de luz y amor
Regando pétalos de dulzura…
Claveles de esperanza¡¡¡
Te quiero mucho mi nenito de algodón
Mi bebecito hermoso!!!

Printed in the United States
By Bookmasters